Comportamento do Consumidor

a biologia, anatomia e fisiologia do consumo

Comportamento do Consumidor

a biologia, anatomia e fisiologia do consumo

Pedro Camargo

Editora Novo Conceito

2ª Impressão – 2011

Produção Editorial
Equipe Novo Conceito

Preparação de Texto: Camila de Castro Sanches
Revisão de Texto: Vânia Cecília Bruno da Silveira Cobiaco
Diagramação: Parceria Online
Capa: Esper Leon

Este livro segue as regras da Nova Ortografia da Língua Portuguesa

Dados Internacionais de Catalogação na Publicação (CIP)
(Câmara Brasileira do Livro, SP, Brasil)

Camargo, Pedro Celso Julião de
Comportamento do consumidor : a anatomia e a fisiologia do consumo / Pedro Celso Julião de Camargo . -- Ribeirão Preto, SP : Editora Novo Conceito, 2010.

ISBN: 978-85-63219-11-4

1. Clientes - Comportamento - Estudo e ensino
2. Consumidores - Comportamento - Estudo e ensino
I. Título.

10-08101 CDD - 658 . 834207

Índice para catálogo sistemático :

1. Clientes : Comportamento : Administração de empresas : Estudo e ensino 658 . 834207

2. Comsunidor : Comportamento : Administração de empresas : Estudo e ensino 658 . 834201

Editora Novo Conceito

Rua Dr. Hugo Fortes, 1885 – Pq. Ind. Lagoinha
14095-260 – Ribeirão Preto – SP
www.editoranovoconceito.com.br

Agradecimentos

Uma obra literária não é um ato solitário, mas o esforço de muita gente que acredita, torce por você e sempre dá uma força para que tudo saia da melhor maneira possível. Por isso, quero agradecer a todos que colaboraram direta ou indiretamente para a realização desta obra.

Entre as pessoas que me inundaram de informação estão: Frans de Waal, que enviou artigos sobre o comportamento animal; Bonnie Bassler, que me ajudou a entender o comportamento das bactérias e a importância delas; Marco Lacobboni, neurocientista com quem me correspondi desde o primeiro livro de neuromarketing; Vasily Klusharev, outro neurocientista que me alertou para a importância do núcleo *accumbens* no comportamento de consumo.

Deram-me suporte emocional e apoio: Maristela Camargo, minha amada esposa; Giovanna Camargo e Lucas Camargo, meus adorados e idolatrados filhos, que foram compreensivos com a minha ausência.

Entre as Marias que sustentam minha alma estão: Maria Adelina Julião de Camargo, minha mãe, e Maria Augusta Ferreira Araújo, que vivem rezando por mim.

Pessoas que me ajudaram: William Menezes de Araújo, Luiz Ruiz, Mauricio Marcondes e Silvia Julião Marcondes.

Pessoas que acreditaram em mim: Pedro Ferreira e Márcia Moreira, dois grandes amigos e incentivadores de Portugal.

Agradeço também àquelas pessoas que estão sempre ao meu lado e vibram com meu trabalho: Professora Ângela Biudes Gatarossa e Professora Melânia Dalla Torre.

Estão entre os que me rodearam com palavras de motivação: Luis Augusto Julião de Camargo, meu irmão de sangue, e Annelise Ferreira Araújo Ruiz, minha irmã de alma, dois grandes apoiadores desde sempre.

Agradeço imensamente a todos os meus alunos, que fazem meus dias mais iluminados, em especial quero fazer referência a uma pessoa que talvez nem saiba o quão importante é para o meu trabalho, porque se encanta com minhas teorias, meus livros, e está sempre disposta a me ouvir: Dr. Juvélcio Peixoto.

A todos vocês um enorme abraço e muito obrigado por tudo. É sempre um prazer enorme tê-los por perto. Deus os abençoe!

Pedro Camargo

Dedicatória

Dedico este livro à minha esposa, Maristela Camargo, aos meus filhos, Giovanna Camargo e Lucas Camargo, à minha mãe, Maria Adelina Julião de Camargo, e ao meu pai, Aristeu Soares de Camargo Júnior, que me faz tanta falta.

Sumário

Introdução

A Biologia do Comportamento do Consumidor deve envolver os estudos de neurologia, endocrinologia e genética comportamentais, etologia, biologia e psicologia evolucionistas, e a relação de todas elas com o comportamento de consumo. Tudo que couber e puder ser discutido dentro dessas áreas, agregando informações, deve ser incluído na área de ciências aplicadas. O estudo da Biologia do Comportamento do Consumidor, campo promissor e novo, vem corroborar e também colaborar com os já iniciados estudos das finanças comportamentais, da economia comportamental, da neuroeconomia e do neuromarketing. Para isso, ainda há um longo caminho, como avançar na endocrinologia comportamental, com estudos e pesquisas em humanos, pois as pesquisas ainda são mais voltadas para o comportamento animal.

É necessário também que a endocrinologia e a genética comportamental se aproximem da ciência do comportamento de consumo, porque, diferentemente das neurociências e da psicologia evolucionista, aquelas ainda não chegaram a esse ponto. Fundamental também é que pesquisas e estudos do comportamento do consumidor, sempre com base em psicologia, sociologia e antropologia, tenham um viés biológico, e seus estudiosos, predisposição para estudar a anatomia e a fisiologia do organismo humano. Fora tudo isso, faz-se necessário que as empresas cobrem de seus *marketers* o estudo dos aspectos internos, inatos, que revelarão dados importantes e fundamentais para a compreensão da ciência e dos mistérios do comportamento de consumo.

Quando iniciei os estudos e acabei por construir um novo campo, o da Biologia do Comportamento do Consumidor (BCC), minha visão partiu do princípio de que somos reconhecidamente produtos da evolução animal e, portanto, temos resquícios genéticos, anatômicos e fisiológicos de nossos ancestrais hominídeos, símios, mamíferos, répteis, e assim por diante, até chegarmos a uma única célula. Se temos áreas do corpo e, mais especificamente do cérebro, que são idênticas às dos nossos ancestrais, muitas vezes chamadas de "primitivas", e temos também processos físico-químicos que compartilhamos com outros seres vivos, por que não teríamos comportamentos parecidos? A Biologia do Comportamento do Consumidor é o resgate desses comportamentos ancestrais.

É sabido que a evolução biológica é bem mais lenta que a sociocultural, que o nosso cérebro tem o mesmo formato e a mesma forma de processamento de oito milhões de anos atrás, portanto, é preciso reconhecer que existem fatores internos (físico-químicos) que agem para nos motivar a certos comportamentos e que não entendemos. Precisamos nos atentar para o fato de que nem tudo o que fazemos é consciente e conhecido, mas sim inato e inconsciente. São mecanismos de proteção do corpo para a sobrevivência do indivíduo, táticas biológicas para a reprodução e perpetuação dos genes.

Quero, com esse pensamento ou viés biológico do comportamento de consumo, comprovar que a economia não é algo inventado pelo homem, e sim mais uma das ações da Natureza, e está presente em todos os seres vivos. Se os animais praticam economia, como vou mostrar no segundo capítulo deste livro, ela é ancestral e, portanto, está em conclusão biológica. E se a prática econômica é biológica, nada mais óbvio do que estudá-la sob esse ponto de vista. O homem afastou-se muito da biologia e criou teorias econômicas com base em estatísticas, que explicam movimentos de consumo, mas não explicam as incoerências do comportamento de consumo do ser humano. Quando se trata de microeconomia, mais especificamente do comportamento do consumidor, as explicações têm sempre um formato matemático, estatístico.

A estatística e o behaviorismo ortodoxo por si jamais poderão explicar o comportamento humano no que concerne ao consumo, porque lhes falta a base orgânica, o lado biológico que promove esse comportamento. Como profissional e professor de marketing, tudo começa a fazer mais sentido para mim e espero que faça para você também. Muitas ações não explicadas do consumidor vão sendo descortinadas, revelando-se diante dos estudos que tenho feito em endocrinologia, em psicologia evolucionista, em neurociências, etologia, genética e biologia evolucionista.

Conforme se adiantar na leitura do livro, perceberá que aspecto antes estudados somente pelas ciências sociais, irão tomar sentido quando forem acrescentados aspectos biológicos. São fatos que nos revelam os comportamentos que não podem ser explicados racionalmente e, portanto, que nunca foram elucidados pelas ciências sociais, mais especificamente pelas ciências econômicas e o marketing. Não por falta de vontade, mas por falta de um olhar diferente e, ao mesmo tempo, óbvio, além de instrumentos capazes de detectar as motivações internas dos sujeitos pesquisados.

Quem leu meu primeiro livro sobre neuromarketing sabe como é grande a minha implicância com a pesquisa de mercado que se diz ser qualitativa e deve responder aos anseios de entendimento dos "porquês" do comportamento de compra. Nem os próprios indivíduos pesquisados têm essa resposta, porque muitas de suas atitudes são baseadas em motivações encobertas, trancadas no inconsciente. Portanto, fica difícil dizer ao certo o motivo que fez determinada pessoa comprar um produto ou serviço específico, ou como ela tomou a decisão de compra, ou ainda, que produto comprará no futuro. São questões que não podem ser respondidas somente perguntando ao consumidor ou observando-o no ponto de venda. Pois se num determinado dia e horário de compra seus hormônios estiverem em níveis diferentes do dia em que ele responder a uma pesquisa, suas respostas não refletirão o estado em que ele se encontrava e que o fez comprar algo. E nem ele terá consciência disso. Não se terão dados da influência genética indireta que provocou tal atitude, não se detectará o nível de neurotransmissores que agiram no momento da compra e que podem ter dirigido esse ato. Enfim, pouco se pode saber dos "porquês" do comportamento de consumo se não se incluir na pesquisa de marketing os fatores que atuam direta e indiretamente na escolha, na tomada de decisão, na repetição da compra, e em todos os atos que o marketing propõe investigar.

Sempre repito que o homem é um ser biológico. É, portanto, esse o foco que deve ser incorporado à ciência do marketing, da economia e de todas que quiserem entender o comportamento de consumo do ser humano. Caso contrário, é como afirmar que um uísque é bom somente pela apresentação de sua embalagem.

O livro é composto de sete capítulos, os quais vão desvendando aos poucos os segredos da influência da anatomia e da fisiologia no comportamento do consumidor. O primeiro capítulo trata da Natureza humana. É o primeiro passo para introduzir a visão da Biologia do Comportamento do Consumidor, que é biocêntrica, pois tem seus olhos votados para as ciências biológicas e refuta o antropocentrismo puro nos estudos do comportamento humano. Nesse sentido, o capítulo mostra que muitos dos nossos comportamentos têm influências ancestrais, ou seja, estão ligados aos nossos antepassados, e por isso não podem ser revelados por ações, nem entendidos por observação pura.

No segundo capítulo, com o intuito de provar que grande parte do nosso comportamento econômico é inato e irracional, vou até a etologia e a primatologia, nos estudos de comportamento animal, para demonstrar, por meio de pesquisas científicas, que os outros animais têm comportamentos similares aos nossos. Portanto, se tudo isso se comprova, se existem tais comportamentos econômicos nos outros animais não humanos, eles são um legado biológico, filogenético, isto é, já se encontravam em nossos ancestrais, e por isso não são completamente compreendidos com estudos das ciências sociais e suas pesquisas por observação ou questionários, mas somente com um olhar interno vindo das ciências biológicas. Mostro nesse capítulo alguns comportamentos econômicos dos outros animais e o mercado biológico.

O terceiro capítulo trata especificamente da introdução da relação entre o organismo humano, seus sistemas e órgãos e o comportamento de consumo. É uma visão interna do que motiva o comportamento do consumidor, como a temperatura do organismo e seus efeitos, o ciclo circadiano que nos impinge diferentes ritmos e produção variável de hormônios, alterando nosso humor e nossa predisposição para agir, a participação do intestino, que é chamado de cérebro entérico ou segundo cérebro, a produção de serotonina e até a microbioma e sua relação com o comportamento do consumidor.

No quarto capítulo, o livro aborda especificamente as áreas que compõem a Biologia do Comportamento do Consumidor. Nesse ponto, os estudos de endocrinologia comportamental mostram a ação dos hormônios, das neurociências com a importância dos neurotransmissores e também dos feromônios, que compõem o que eu chamo de bioquímica do comportamento do consumidor. É a incidência e a influência da química orgânica no comportamento humano econômico.

O capítulo cinco foca outra área específica dos estudos de Biologia do Comportamento do Consumidor, que é a ligação entre genética e comportamento. Aqui são explicados: a incidência dos fatores genéticos no comportamento humano, desmistificando o determinismo genético; os estudos realizados pela ciência da genética comportamental e também uma aproximação dessa ciência e suas possíveis implicações no comportamento de consumo.

O sexto capítulo aborda um assunto que tem gerado bastante polêmica e controvérsia: a psicologia evolucionista, ciência que levanta hipóteses sobre o comportamento dos caçadores-coletores que permanecem entre nós e duram até os dias de hoje. São comportamentos ancestrais, inclusive econômicos, que moldam a maneira inconsciente de agir do ser humano, dando a impressão de que ele age de modo irracional e sem sentido. Mas há uma explicação plausível para tais comportamentos se ficar claro que o cérebro não evoluiu tão rapidamente quanto a sociedade e a cultura, além de que se passa muito mais tempo vivendo de maneira primitiva do que na modernidade. Esse capítulo mostra que a evolução biológica é lenta e a sociocultural é rápida. Esta relação gera comportamentos econômicos aparentemente sem sentido, mas que, à luz da psicologia evolucionista, da primatologia, da etologia e da arqueologia, fazem todo sentido. A hereditariedade e a genética também são pontos importantes nesse capítulo. É a evolução filogenética.

O sétimo e último capítulo, que fecha este livro, trata da última das ciências que compõem os estudos da Biologia do Comportamento do Consumidor: as neurociências comportamentais. Conta um pouco da história e das atualidades das neurociências para que se entenda como é possível chegar aos estudos que ligam o sistema nervoso, o cérebro e o comportamento. Faz uma introdução dos estudos que criaram os novos campos, como a economia comportamental, as finanças comportamentais e a neuroeconomia. Por fim, cuida do neuromarketing, a ciência que trata das novas pesquisas do comportamento do consumidor com uso de equipamentos de diagnóstico por imagem, desvendando os segredos do ato de escolher, tomar uma decisão e consumir um produto, um serviço ou uma ideia.

O intuito deste livro não é, absolutamente, dar receitas fáceis para aplicações instantâneas, mas lançar uma nova área de estudos do comportamento do consumidor e alertar profissionais de marketing, empresários, publicitários, gerentes de produtos e todos os profissionais de áreas afins de que não se pode mais olhar o comportamento de consumo apenas através das lentes das ciências sociais. Isto porque se o objeto de estudo é o ser humano, faz-se necessário e urgente trazer para a área os estudos das ciências biológicas, dentre eles a genética comportamental, as neurociências, a psicologia evolucionista e a endocrinologia comportamental. É um verdadeiro alerta para quem quer realmente compreender o que acontece internamente no organismo, seus sistemas, órgãos e processos que motivam e geram o comportamento de consumo.

1 *A natureza humana*

1. Uma visão biocêntrica

"A ciência é mais do que um conjunto de métodos e técnicas. Trata-se, antes de tudo, de um modo de ver o mundo, um conjunto de atitudes que guiam o que vemos e como produzimos e validamos nosso conhecimento."
(Carvalho Neto e Menezes)

Um dos questionamentos que faço, senão o maior, é sobre o interesse do marketing pela natureza humana no sentido biológico, até porque sempre acreditei que os aspectos sociológicos e culturais do comportamento humano são também originários da biologia, e não o contrário. Num livro anterior a este, em que trato do neuromarketing, já ficava clara minha obstinação em provar não haver comportamentos humanos dissociados dos aspectos anatômicos e fisiológicos. Se o ser humano pensa, isso acontece em função do funcionamento do cérebro. Se ele se agrupa com seus congêneres, é em função de sua busca por proteção física e comida. Se tem cultura e a transmite, é para preservar costumes que deram certo e devem ser passados para outras gerações, portanto, trata-se de evolução. Nesse aspecto, a biologia é ponto de partida para qualquer análise que trate do comportamento humano: violência, moral, consumo, religiosidade, empreendedorismo e por aí em diante. Depois da análise biológica deve vir a visão da primatologia, pois já foi reconhecido que o ser humano tem ancestrais em comum com os primatas, mais especificamente dos chimpanzés e dos bonobos. Se o homem é descendente dos animais e tem um cérebro reptiliano, deve se apropriar da etologia e da ecologia, até porque todos são parte de um só ecossistema. E por aí em diante, sempre nas esteiras das ciências biológicas.

Eu nunca vi esses aspectos, a não ser de maneiras esparsas, mediante teimosia de poucos pesquisadores, chegarem até a análise do comportamento de consumo dos seres humanos. Poucos são aqueles que se atrevem a sair da zona de conforto, já aceita como "prática correta" e arriscar adentrar nesse mar revolto e controverso, cheio de incertezas e dúvidas. Mas é fato que deve ser esse viés biológico, e de todas as ciências que se aproximam da tal natureza humana, a base, o ponto de partida para qualquer estudo do comportamento humano. Em minha opinião, o behaviorismo é que manteve pesquisadores de comportamento de consumo ligados, por muito tempo, ao comportamento observável como única fonte da "verdade" e, portanto, vendados para outros campos de conhecimento. Behavioristas afirmavam que os eventos mentais não eram passíveis de análise e mensuração, por isso, eram de pouca utilidade para a análise do comportamento humano.

Para ficar claro, quando me referir à Natureza humana, neste livro, estarei focado no aspecto biológico, que é o propósito desta publicação. É bom observar que sempre escreverei a palavra "Natureza" com inicial maiúscula, porque me refiro aos aspectos físico-químicos que regem nossos atos e dirigem nossa vida. Tudo mais vem depois e como consequência, ou seja, aspectos sociológicos, antropológicos e psicológicos. Mas vale saber de antemão que não desmereço, de modo algum, estas ciências, pois sei que são de suma importância e de extremo valor, já que fizeram o homem chegar até este ponto. Reconheço contudo que daqui para frente não são mais suficientes e eficazes sozinhas. A palavra "humana" vem com inicial minúscula para diminuir a sensação de antropocentrismo, que é colocar o ser humano no centro do universo e de tudo mais que acontece.

Quero diminuir esse apoderamento humano quando se trata de comportamento. Portanto a minha visão será de que o ser humano é uma pequena parte da Natureza, também muito importante, até porque é a razão dos meus estudos, mas não dissociado daquela e de todos os aspectos que regem o funcionamento do mundo. Nesse ponto de vista considero o homem como um animal que tem um córtex desenvolvido e, por isso, pode planejar suas ações, mas que nem sempre consegue perceber, entender e controlar seus impulsos e instintos. A visão que pauta este livro é o biocentrismo, cuja raiz é grega: *βιος*, "bios" = "vida", e *κέντρον*, "kentron" = "centro". Nessa concepção não há diferenciação, pois todas as formas de vida são igualmente importantes e a humanidade não têm o centro da existência.

O biocentrismo é um termo que pode ter muitos significados, mas o sentido a que me refiro neste livro é a visão biologicamente centrada que inclui o homem, mais especificamente uma visão centrada na Natureza humana interna, sem desconsiderar os fatores externos. Um viés teórico que não abandona a parte física e a evolução do ser humano, que não separa mente de corpo e acredita que o sistema nervoso é o grande controlador de nossos atos, de nosso comportamento. Uma visão sobre o homem, e não puramente e com prevalecência da Natureza, mas na condição de um animal que carrega todos os seus instintos, os quais influenciam muito o comportamento. Uma teoria centra no ser humano biológico e não num homem superior simplesmente. Esse posicionamento é adotado para que se leve em consideração as atitudes irracionais, os instintos humanos. Não me refiro ao homem como medida das coisas, nem como ponto de partida de todo estudo de comportamento, muito menos de um ser que só age conscientemente e tem o controle de todas as suas ações, pois trato de mostrar que muitos comportamentos são inexplicáveis pelo próprio executor, pelo fato de muitas vezes acontecerem sem seu consentimento, sem sua consciência.

O antropocentrismo legitima toda e qualquer ação humana e a toma como verdade, portanto observar animais, os primatas, por exemplo, como forma de pesquisa de um comportamento ancestral, ou perceber que agimos muitas vezes por instintos, segundo essa corrente, parece ser totalmente inapropriado porque o homem é um ser "superior", pensante e que tem livre-arbítrio. Assim sendo, não se admite que suas escolhas e decisões possam ser tomadas sem seu consentimento. Essa visão de mundo exclui possibilidades de comportamento humano advindo dos animais. É a visão dominante do mundo, principalmente da cultura ocidental. Como canta Caetano Veloso: "Narciso acha feio tudo o que não é espelho". Por outro lado, a visão biológica que aqui defendo é uma perspectiva que nos coloca como parte da teia da vida, como parte da Natureza, rejeitando o status de superioridade.

Somos tão egoístas e olhamos tanto para nossos próprios umbigos que criamos o antropomorfismo que vem de duas palavras gregas: "anthropos" = homem e "morphe" = forma. Acreditamos, então, que existam atitudes animais com posturas humanas. É a tendência para interpretar como "humano" o comportamento animal, projetando características pessoais, sentimentos, pensamentos e estados de espírito. Quer dizer, se o animal tem uma capacidade de processamento mental que resulta num padrão de comportamento e este se parece com um comportamento humano, não paramos para pensar na possibilidade de nós termos herdado aquele comportamento dos animais.

Na verdade, são comportamentos animais que possuímos em comum, até porque, gostaria de lembrar e reafirmar, nós somos animais. Se percebermos e aceitarmos essa faceta, ficará muito mais fácil investigar as raízes de nossos comportamentos, bastando, para isso, que observemos os animais, principalmente os primatas bonobos e os chimpanzés.

A filosofia trata a Natureza humana como um conjunto de características que todo e qualquer ser humano tem em comum. E essa é uma visão bem interessante e propícia para este livro, porque traz para o marketing e as ciências que estudam o comportamento do consumidor a perspectiva de haver um certo padrão nos atos humanos quando são influenciados por instintos e emoções mais básicos, tornando-os mais fáceis de ser entendidos. Para fins de globalização mercadológica e produção em massa, não há esperança mais bem-vinda, porque poderemos descobrir o que o cliente quer em nível global. Um comportamento de consumo universal.

De acordo com a ciência moderna, a Natureza humana tem sido invariável ao longo de extensos períodos de tempo e contextos culturais e geográficos diversificados. Uma das várias perspectivas da Natureza humana é o Naturalismo filosófico, no qual está inserido o materialismo que sugere e sustenta que a única coisa da qual se pode afirmar a existência é a matéria. Nessa visão os seres humanos são puramente fenômenos naturais, no que acredito piamente, em que estão incluídos os aspectos sociais, psicológicos e culturais. Seres que evoluíram, ou melhor, caminharam para o atual estado por meio de mecanismos naturais, como a evolução. O termo "evoluíram", como muitos pensam, não quer dizer que ficamos superiores, mas, sim, mais adaptados anatômica e fisiologicamente às condições ambientais.

É preciso dissociar o significado de evolução com o de superioridade, pois evoluir é vivenciar mudanças e adaptações, o que todos os seres vivos fazem, em função das variações ambientais externas, desde os que são compostos por uma célula apenas, até os pluricelulares, indistintamente.

Somos o produto de milhões de anos de evolução e jamais podemos nos esquecer disso, nem pretender que não haja relação desse fato com o nosso comportamento atual. Nosso cérebro se desenvolveu mas manteve as partes antigas ou ancestrais, e nelas estão escondidos nossos instintos e comportamentos não entendidos até por nós mesmos.

Não é um privilégio meu descobrir a importância da biologia para análise do comportamento humano. Francis Fukuyama, filósofo social e autor do livro *Nosso futuro pós-humano*, rendeu-se aos encantos da biologia, como eu. Ele disse em entrevista à Folha *Online* que mantinha um grupo de estudos que trabalhava com o impacto da "Information Technologies" (IT) no mundo, grupo iniciado nos anos de 1990. Nessa mesma entrevista ele disse que:

> *"Foi nesse ponto que comecei a perceber que vários desenvolvimentos na biologia tinham muito mais consequências no longo prazo, ou viriam a ter, do que a revolução na IT, porque dava acesso precisamente ao controle do comportamento humano, potencialmente, e uma certa compreensão das fontes do comportamento humano. Como um cientista social, isso constituía um grande problema para mim." E continuou: "Uma das coisas interessantes que se tornaram rapidamente óbvias para mim era que, de fato, havia ocorrido uma grande reviravolta na nossa compreensão do impacto da genética. Cinquenta anos atrás, a maioria dos cientistas naturais e sociais diria que o comportamento humano é quase todo socialmente construído e deve muito pouco à biologia. Essa visão foi sacudida como resultado de um bocado de trabalho empírico nas ciências da vida".*

A biologia e o ser humano são dois assuntos extremamente interessantes e, quando abordados em conjunto para análise do comportamento, ficam ainda mais curiosos, até fascinantes. A biologia é uma atividade humana e os assuntos que tratam do ser humano devem carregar consigo a bagagem dessa ciência, sob pena de poderem ser considerados reducionistas. Os conhecimentos adquiridos na área e suas aplicações vêm afetando nossas vidas sobremaneira, a exemplo da genética e das neurociências.

Com toda certeza, posso afirmar que a biologia não é o único caminho para descobrirmos o universo que é o ser humano. Ela não revela todas as facetas do homem, mas é parte essencial na tentativa de entendê-lo. É a base de tudo. Portanto, quem pretende entender o comportamento humano não pode prescindir da análise biológica em todas as suas perspectivas.

Outro ponto em que vou tocar muito neste livro é que alguns fenômenos humanos, por exemplo os corpóreos, não são especiais ou diferentes de outros fenômenos físico-químicos. Não são fenômenos diferentes daqueles que a Natureza produz. Muito pelo contrário, somos parte da Natureza como um todo e como parte constituímos esse todo da mesma forma que outros fenômenos bióticos ou vivos e abióticos ou não vivos. Tenho como convicção que os seres humanos, assim como todo sistema vivo, obedecem às leis da física e da química, que governam não somente nós, mas todo o universo. A partir do momento que nos reconhecemos como seres vivos pertencentes à esse universo, somos regidos pelas mesmas leis, mesmo que sejamos os únicos que têm consciência desse fato. Pensar, planejar, comunicar e ter linguagem própria não nos faz completamente diferentes das outras criaturas vivas, em relação às leis físicas e químicas. Nosso corpo é inundado de processos químicos e físicos, portanto, está na hora de investigá-los e colocá-los em nosso repertório de comportamento de consumo.

Nosso corpo, anatomicamente falando, é material, portanto físico e regido por suas leis, e também é químico e ligado às suas premissas. A estimulação cerebral é feita por diversas substâncias químicas. Nos últimos anos do século passado e continuando neste início do século 21, várias pesquisas identificaram substâncias químicas que têm propriedades estimulantes do humor, por exemplo. Sem contar a infinidade de processos corporais que envolvem aspectos químicos. Essas pesquisas provam e também nos fazem acreditar que pensamentos e comportamentos têm bases físicas (anatomia) e químicas (fisiologia). Os hormônios são provas incontestáveis disso, alteram todo nosso comportamento e os níveis de neurotransmissores também.

Mas não podemos nos esquecer também dos fatores históricos que nos influenciam, como a nossa própria ontogenia e a filogenia. A física tem como princípios fundamentais a repetibilidade e predictibilidade que podem ser aplicadas à biologia, pois mesmo tendo história, e por isso sofrendo modificações constantes, temos um pouco de predictibilidade, ou seja, é possível prever o que um ser humano fará em determinado momento ou situação, e também repetibilidade, o que nos garante a sobrevivência e a disseminação dos genes. Os neuroeconomistas e financistas comportamentais, como Dan Ariely, apostam nisso. Acontece que a biologia tem as mesmas bases das ciências físicas, compostas de leis naturais. São as mesmas leis naturais que se aplicam a ambas. Portanto, a biologia e a física bebem da mesma fonte e, por isso, têm princípios similares. Isso não implica uma delas estar contida na outra, mas significa que ambas seguem as leis naturais do universo.

Outra questão muito discutida da repetibilidade e da predictibilidade como leis da biologia, e que despropositadamente liga essa ciência ao determinismo, é que não somos todos iguais e não nos comportamos de maneira igual, mesmo que sejamos gêmeos. Mas numa visão macro, mais abrangente, somos parte de uma espécie cujos membros têm cérebros iguais, anatômica e fisiologicamente, salvo alguma anomalia, necessidades e comportamentos básicos idênticos. Podem os humanos não ser exatamente iguais, mas têm a mesma Natureza, e isso nos torna parecidos anato-fisiologicamente. Essa semelhança nos faz ter comportamentos básicos parecidos e repetir comportamentos, por isso é possível predizer como agiremos em algumas ocasiões. Apesar de histórias particulares ontogenéticas, temos uma filogenia ou uma história em comum com ancestrais também. As circunstâncias são contingentes (momento, lugar, cultura, sociedade), mas o processamento interno, dentro do corpo dos sujeitos que foram submetidos às tais contingências, é o mesmo, físico e químico, se processa da mesma maneira, mas pode gerar comportamentos externalizados diferentes. São esses processos universais que busco entender, para depois juntá-los a outras análises e compor o verdadeiro comportamento do consumidor.

2. Livre arbítrio e determinismo

Eu concordo com Laís Araújo, no ensaio chamado Os "*ismos*" e os "*istas*", quando ela diz que o sufixo "ismo", que é de origem grega, tem a função de acrescentar à palavra-raiz um novo sentido, e o sufixo "ista" serve para qualificar um indivíduo, mostrando-o como seguidor de um sistema determinado. Uma certa visão e o sujeito que nela acredita. Mas, na maioria das vezes, esses sufixos são usados indevidamente, com a intenção única de rotular, classificar algo que não conhecemos bem para fazê-lo caber no nosso modelo mental, naquelas caixinhas quadradas que temos no cérebro, para podermos entender o mundo sem nos preocupar em entender a proposta. Diz a autora do ensaio:

> *"É uma forma grosseira de expressar um 'juízo' a respeito do outro. Um exemplo é dizer que o anarquismo ou o anarquista reúne as peculiaridades da confusão, da bagunça, da desobediência, quando a palavra-origem (grega, de novo) significa o 'não' ao poder e a capacidade do indivíduo de governar-se sozinho, rejeitando o domínio do Estado... Nós queremos é simplificar, dar um rótulo, uma classificação, usar uma etiqueta para não termos o trabalho de entender, de compreender, de 'gastar a cabeça' com o raciocínio e os fundamentos lógicos dos termos da fala cotidiana. Essa atitude, porém, nos leva também aos argumentos vazios ou tendenciosos".*

Assim é o chamado "determinismo biológico" que classifica algo como ruim por não tentar entendê-lo. Nossa ligação com os animais, o comportamento ancestral, os neurotransmissores, a genética e outros assuntos ligados a nossa condição biológica, tudo que se escreve sobre a biologia do ser humano é sempre tratado como "determinista". Não entendo o motivo de as pessoas, mais especificamente os centristas sociais e teólogos, não aceitarem nossa condição básica. Nós não somos somente formados por mentes, somos seres orgânicos por Natureza e as nossas ações estão diretamente ligadas a essa estrutura. Simples assim! Nós, curiosos, que queremos entender o ser humano a partir da biologia, das células, dos órgãos, do metabolismo, do sistema nervoso e trazer essas descobertas para as ciências sociais e culturais estamos sempre sendo classificados como "deterministas". De nossa parte, não negamos a influência da Natureza, não negamos a influência social (os coespecíficos), não negamos a cultura no comportamento humano, mas queremos e devemos somar a tudo isso o lado físico-químico, ancestral, neurológico, metabólico, genético ou seja, biológico.

Tudo isso é sempre tratado no âmbito moral, mostrando que se formos acreditar na influência físico-química (dos biologistas) sempre seremos maus, egoístas, trapaceiros, mas isso não é verdade. Muitos primatologistas já estão provando que a bondade existe nos primatas, o altruísmo está presente nos animais. Temos raízes em comum e se não acreditarmos nisso deveremos acreditar no criacionismo.

Livre-arbítrio é um conceito inicialmente filosófico que veio para o campo científico e defende a ideia de que o indivíduo tem faculdade e poder de escolher suas ações. Esse conceito tem sido questão central nas discussões de direito, moral e também no que se refere ao comportamento humano, com implicações religiosas, psicológicas, neurológicas, sociais, antropológicas, sociobiológicas e também evolutivas. Discute-se se o homem é naturalmente mau ou se tem compaixão pelos seus coespecíficos, se tem ou não influência da ancestralidade e por aí em diante.

A grande questão é se os indivíduos têm ou não capacidade de discernimento, consciência e vontade para agir sem que haja algo dirigindo seu comportamento ou se há uma "força" espiritual ou físico-química que os impele a agir de determinada maneira. A genética é vista como determinista, as neurociências e suas "subciências" são também acusadas da mesma maneira, porque mostram que existem, por trás de nossos comportamentos, fatores que nos influenciam e nos impulsionam para agir de maneira específica, como os processos automáticos promovidos pelo nosso sistema nervoso.

Existe uma visão intermediária que diz que o passado condiciona (instintos e ancestralidade), que os eventos internos (físico-químicos) dirigem, mas nenhum deles determina sozinho as ações dos sujeitos. As escolhas e os comportamentos individuais são a soma de vários e diferentes eventos internos, cada um dos quais é influenciador, mas não determinante dos atos humanos. Portanto, em certas ocasiões, escolhemos e tomamos decisões com todo o discernimento; é o neocórtex funcionando. Mas muitas vezes quem manda, apesar de passar pelo córtex, são as outras partes do cérebro, o sistema límbico e o cérebro reptiliano. Assim, nem sempre as escolhas são conscientes, o corpo frequentemente toma atitudes por nós, para assegurar que continuaremos vivos e propagando nossos genes.

A questão da tensão entre o livre-arbítrio e o que se convencionou chamar de determinismo vem sendo discutido desde Aristóteles, ou seja, 350 anos antes de Cristo, passando por Santo Agostinho e São Tomaz de Aquino. Nós sabemos que o mundo é regido por leis físicas básicas, as quais governam o comportamento de tudo, inclusive o nosso. O ser humano é um sistema físico, portanto, seu comportamento não pode ser exceção a essas leis. Nossas decisões são um enigma porque existem atividades elétricas em nosso cérebro, caixa de comando de nosso comportamento. Os neurônios enviam sinais ao sistema nervoso e estes passam às fibras musculares. Elas se contraem e o indivíduo estica o próprio braço. Tudo isso, inicialmente, parece uma ação livre, mas cada parte desse processo é governada por leis orgânicas. As sinapses ou comunicações entre os neurônios, que vão provocar o comportamento visível, são físicas e químicas e, portanto, regidas por leis concernentes a elas. Porque então achamos que somos especiais, a ponto de não reconhecermos que existem muitas ações explicadas pela química e pela física sem nosso entendimento muitas vezes? E também que nós, quando analisamos o comportamento, tradicionalmente, não prestamos atenção a esses processos, que são o fundamento deste livro? Daí vem toda a discussão sobre até que ponto somos livres e até que ponto os eventos biofísicos e bioquímicos decidem por nós.

Não podemos entrar na discussão de que somos máquinas ou não, pois não somos. Como disse, o corpo humano é composto de matérias e processos orgânicos, mas também é da nossa Natureza termos relação com ambiente e com outros seres humanos e não humanos que modificam e alteram a química e a física corporal. Máquinas são artificiais e criadas pelos homens como ferramentas para desbravar o mundo. Nós somos naturais.

Essa é uma longa discussão, a meu ver sem propósito entre os que, por um lado, defendem a livre ação dos seres humanos e seu poder de decidir como agir e, por outro lado, os que dizem haver um determinismo biológico sobre a vontade dos indivíduos. Essa dicotomia é muito cartesiana e pouco fundamentada. Não há predominância de um sobre o outro, mas a ação da biologia algumas vezes é incontrolável, por não se ter consciência do porquê se está fazendo. Sabendo disso, a discussão deveria girar sobre ter ou não a consciência de um comportamento qualquer. Se o sujeito do comportamento estiver consciente do que está fazendo poderá controlar seus atos. Em várias situações nós usamos nosso córtex pré-frontal, que tem a função de julgar e planejar o comportamento antes que seja realizado, mas em muitas outras situações nós contamos com a prevalecência de outras áreas cerebrais para nos fazer agir, o sistema límbico e o cérebro reptiliano. Quando vemos, por exemplo, um objeto que parece uma cobra e nos assustamos, nosso coração bate fortemente, suamos frio, tudo para preparar nossa fuga. Aí está o papel da amígdala cerebral, local que processa emoções. Nós não temos controle dessas ações corporais automáticas, que são uma defesa do corpo, características biológicas inconscientes.

Precisamos acabar com a falácia de que existe determinismo de um lado ou do outro. Novamente é o antropocentrismo agindo e não aceitando que temos atos não controlados por serem inconscientes. Não há um só aspecto que determine nosso comportamento, existem influências externas, provocações do ambiente e influências internas provindas de todo o corpo e detectadas pelo nosso sistema nervoso. De algumas delas temos consciência, de outras não. Isso é até uma defesa do corpo, mais especificamente do sistema nervoso que nos protege da quantidade enorme de informações ambientais internas e externas. Sobre algumas temos controle, sobre outras não. Portanto, não há determinismo biológico e nem livre-arbítrio para todos os nossos comportamentos. Para alguns temos o poder de controle e decisão, para outros, nem um nem outro.

A questão do livre-arbítrio e do determinismo está no cérebro. O livre-arbítrio ou a escolha se processa no córtex pré-frontal, área da escolha, do planejamento e, principalmente, do julgamento. Já nas camadas mais profundas, isto é, no sistema límbico e no reptiliano, onde se processam as emoções e os instintos humanos, não podemos nos considerar tão livres assim, porque não sabemos o que se passa nessas áreas e não temos ali poder de decisão. São processos inconscientes, à parte de nossa compreensão ou entendimento. Mas como se diz que "tudo passa pelo córtex", não podemos afirmar que se não há livre-arbítrio não podemos julgar os atos de alguém. Muitos afirmam que o perigo do tal "determinismo" é que se algo pertence à Natureza não se pode ser julgado, que não podemos culpar alguém por uma atitude que ele não controla, porque não é da vontade própria. Mas sob outro aspecto, podemos sim julgar o não uso do neocórtex, o qual nos foi dado para termos discernimento das coisas. Já foi provado que não nascemos maus ou somente egoístas, e que mesmo se formos egoístas trataremos bem o nosso coespecífico porque nos interessa a reciprocidade. Segundo Benjamin Libet:

> *"Atos livremente voluntários são precedidos por uma mudança elétrica específica no cérebro (o 'potencial de prontidão', RP) que começa 550 ms antes do ato. Os humanos tornaram-se cientes da intenção de agir 350 ms depois do RP começar, mas 200 ms antes do ato motor. O processo da vontade, portanto, é iniciado inconscientemente. Mas a função ciente ainda pode controlar o resultado; pode vetar o ato. O livre arbítrio, portanto, não é excluído. Estes resultados põem restrições na visão de como o livre-arbítrio pode operar; não iniciaria um ato voluntário, mas pode controlar o desempenho do ato. Os resultados também afetam pareceres de culpa e responsabilidade".*

Se o processo cerebral para um ato voluntário começa aproximadamente 200 ms (milésimo de segundos) antes do aparecimento da vontade consciente de agir, fica impossível acreditar que podemos agir pura e simplesmente com livre-arbítrio, pois o cérebro já decidiu antes de o sujeito ter consciência de tal decisão. Em alguns casos, quando há prevalência do córtex pré-frontal, podemos decidir como agir e, portanto, temos a tão desejada e defendida liberdade de agir, mas se prevalecerem as duas outras áreas cerebrais, certamente não existirá tal liberdade, porque nem teremos consciência do fato. Nossos atos são escolhidos quando o córtex prevalece e aí sim podemos julgar, avaliar, planejar e até determinar nossos atos. Caso contrário, o sistema límbico e o cérebro reptiliano decidirão por nós.

Um exemplo claro da relação entre o livre-arbítrio, o determinismo, o pré-frontal e o sistema límbico, que processa as emoções, nos é dado por Jonah Leher numa entrevista em vídeo para o Fora TV e que está em seu livro *How We Decide*, de 2009. Leher conta a história de um bombeiro chamado Wag Dodge e seus 15 subordinados, no verão de 1949, em Montana, Estados Unidos.

Quando o bombeiro se viu cercado por uma parede de fogo, em vez de sair correndo, como manda o sistema límbico, gritou para seus companheiros pararem de correr, mas não adiantou. Ateou fogo em volta dele, se deitou na relva queimada e o paredão de fogo passou por ele sem machucá-lo, porque a área em que se encontrava já estava queimada. Ele se salvou.

Percebemos nesse breve relato do caso que Wag Dodge usou o seu córtex pré-frontal para tomar uma decisão que aparentemente era antinatural, já que nosso instinto nos manda correr, fugir do perigo iminente. Os outros bombeiros, que usaram o sistema límbico para tomar a decisão e naturalmente correram para a fuga, morreram. Vê-se então que, mesmo numa situação de perigo, não prevaleceu a ativação da amígdala somente, ou o caminho curto, mas do córtex pré-frontal que planejou a sobrevivência, raciocinando que um lugar já queimado não pega fogo. Aqui, mesmo com todas as condições para o determinismo biológico que indica a fuga para a sobrevivência, prevaleceu o livre-arbítrio ou a escolha inteligente de permanecer no lugar, ateando fogo na área. O livre-arbítrio prevaleceu quando foi ativada a área que cuida do racional, do planejado, e o suposto "determinismo emocional" do sistema límbico se rendeu à escolha que parecia ilógica no começo. Foi feita uma escolha entre fugir ou ficar, portanto houve livre-arbítrio nesse caso.

Uma pesquisa feita por Angela Sirigu, neurocientista do Centro de Neurociência Cognitiva de Bron, na França, sugere que o lugar em que se situa o livre-arbítrio ou onde decidimos nossos atos é o córtex parietal. Quando um neurocirurgião excitou essas regiões em pacientes durante uma cirurgia eles sentiram o desejo de mexer o dedo, rodar a sua língua ou mover um membro. Sinais elétricos ainda mais fortes convenceram os pacientes de que eles realmente fizeram esses movimentos apesar de seus corpos estarem o tempo todo inertes. Os pacientes estavam acordados nas cirurgias e podiam responder às perguntas que lhes eram feitas. Para a neurocientista isso nos mostra que há regiões cerebrais específicas envolvidas na consciência do seu movimento. Para mim, mais uma prova de que o livre-arbítrio está nas áreas do córtex cerebral e que temos liberdade de escolha quando prevalece a ativação dessa área.

É preciso deixar claro que a corrente que sigo é da compatibilidade, isto é, não sou determinista biológico, nem acredito que haja um livre-arbítrio puro. Acredito que tirar a emoção dos processamentos cerebrais dos sujeitos é impossível, pois se temos uma rede neural e nela uma dinâmica neural que liga todas as áreas cerebrais, há participação ou envolvimento de todas essas áreas em tudo o que pensamos ou fazemos, e em consequência disso a racionalidade está sempre ligada às emoções, não havendo uma razão pura ou uma emoção pura, mas sim uma mistura de ambos e a prevalência de um ou de outro, dependendo das circunstâncias. Quero ressaltar aqui que o equipamento neurobiológico é que torna possível a racionalidade, a irracionalidade e também o livre-arbítrio, até porque nós somos esse equipamento. Portanto, o livre-arbítrio é fruto de um processamento físico e corporal que nos é inerente. Não vem do ar ou de outra dimensão.

Compatibilidade é a ideia de que o determinismo causal é logicamente compatível com o livre-arbítrio. Pode ser chamado também de determinista suave, mas essa é uma terminologia de que não gosto, porque não é um grau menor de determinismo, mas uma compreensão da coexistência das duas posições. O livre-arbítrio para um compatibilista é uma ação causada por desejos e vontades próprios de um determinado sujeito, mas reconhecendo que existem influências, tanto internas como externas, exercidas sobre o mesmo sujeito. Vivemos num ambiente externo e temos um ambiente interno. É impossível nos separar deles e não levá-los em consideração. Sabe-se, entretanto, que há prevalência do corpo, da sobrevivência e reprodução. Se o ato viola esses princípios básicos, o cérebro só pode estar acometido de alguma má formação ou doença. Nós não somos coagidos por um ambiente externo pura e simplesmente, temos a faculdade de decisão, mas que está, em sua base, ligada aos dois princípios: o de sobreviver o máximo que puder e o de espalhar seus genes, perpetuando-os. Também não acredito que somos geneticamente predeterminados, temos sim predisposições genéticas, mas que podem ser trabalhadas em algumas situações e também acionadas ou não por fatores ambientais.

Alguns podem pensar que sou reducionista, por acharem que busco a explicação nas partes, mas na verdade e, sem medo de ser tachado nesses "ismos" classificatórios, eu sempre deixei claro que sou fisicalista porque acredito piamente que a base do comportamento é o corpo. Todo processo que dá início ao comportamento é necessariamente físico-químico. Nesse sentido, materialista, mas não reducionista, porque não acredito que a solução última está nas partes, mas na interação delas com outras partes, formando um quebra-cabeça holográfico do comportamento do consumidor. Defendo o lado biológico do comportamento porque este é negligenciado pelo marketing que chega até a psicologia, antropologia e sociologia. Eu acredito que o todo é maior que a soma das partes, mas não elimino o conhecimento das partes para entender o todo e depois juntá-los a fim de buscar maior e melhor compreensão dos fatos. Por fim, é bom esclarecer que sou fisicalista porque basicamente me oponho com fervor ao dualismo, ou seja, à separação da mente e do corpo proposta por Descartes. O corpo produz a mente. Na verdade, a posição que adoto pode ser chamada de não redutivo fisicalista.

Além do mais, se alguém considerar o fato de o cérebro decidir antes de termos consciência, como mostrado no começo deste subtítulo, como um determinismo biológico é porque esse indivíduo é dualista e acredita que há uma mente separada do processamento físico-cerebral e que o livre-arbítrio estaria justamente nessa "liberdade" do físico ou da matéria. É para quem acredita que a mente, separada dos processos cerebrais, é que gera a liberdade.

Mas sabe-se entretanto, que são os processos físico-químicos cerebrais que geram os processos mentais, pois somos seres biológicos e não místicos, feitos de matéria e de processos físico-químicos, algo impossível de ser negado por quem quer que seja. Assim o conceito de livre-arbítrio não pode estar separado da materialidade, porque nós temos o grau de liberdade que a nossa Natureza nos permite. E, portanto, o significado de livre-arbítrio na minha concepção não reducionista fisicalista, é poder tomar decisões de maneira consciente quando ativamos as áreas corticais. A falta dele acontece quando o organismo decide de maneira inconsciente ou mesmo instintiva, com prevalência do sistema límbico e do cérebro reptiliano.

3. O homem animal

A importância da biologia na ligação entre os seres vivos e o estudo deles fica evidente quando notamos que os animais e até as plantas, tão distantes de nós no que tange ao processo evolucionário, são constituídos dos mesmos elementos estruturais básicos, as células. Isso significa dizer que, para entendermos o ser humano é antes de tudo útil e proveitoso entender o animal, mais evidentemente os primatas, dentre eles os chimpanzés e os bonobos. Isto nos leva a buscar respostas na psicologia evolucionista.Talvez se compararmos os humanos ainda "selvagens", isto é, quando não tinham contato com a civilização, a essas espécies de primatas, poderemos aproximar ou criar a ponte entre eles e nós e trazer à luz informações mais conclusivas.

"À medida que os conhecimentos dos grandes macacos foram se tornando mais preciosos, foi ficando cada vez mais evidente que as diferenças entre o homem e os outros primatas são essencialmente quantitativas, e que apenas alguns poucos degraus, frequentemente significativos, mas por vezes sutis, separam-nos de nossos primos."

(Michel Raymond, 2009. p. 8)

É preciso aceitar que somos mais uma espécie do reino animal e não uma entidade separada, totalmente à parte da Natureza. Até as diferenças entre nosso cérebro, órgão produtor do comportamento, e o cérebro dos outros mamíferos são muito pequenas, e entre nós e os primatas também há pouca diferença genética. Portanto, precisamos admitir que não temos reações superiores, mas sim similares às de outros animais. Obviamente, o ser humano é dotado do córtex pré-frontal mais desenvolvido em todo o reino animal e isso nos permite planejar, antecipar consequências, decidir e optar. Quer dizer que não somos somente movidos por nossos instintos, como pregam os que alegam que a biologia é determinista, mas não podemos negar nem ignorar a ação deles no comportamento. Como animais temos impulsos instintivos, mas diferentemente dele podemos controlar melhor nossos atos. Os instintos não prevalecem sempre, mas estão ali na espreita para agir em nome da sobrevivência e da reprodução.

Na evolução, na passagem dos organismos mais primitivos ou simples aos mais complexos multicelulares, há uma profunda mudança na utilização predominante de ação geneticamente programada, o instinto, para o uso de comportamento aprendido. Os organismos mais simples invocam os instintos durante a maior parte de seu repertório comportamental. Os mais complexos, especialmente os seres humanos, cujo cérebro é mais aparelhado e armazena um grande banco de dados de ações aprendidas, são menos dependentes de instintos e mais aptos a aprender para sobreviver. É certo que a aprendizagem muitas vezes supera os instintos geneticamente programados. Mas não podemos esquecer que a aprendizagem também acontece no animal, não é algo exclusivamente humano. Além dos evolucionistas e etologistas que reconhecem e estudam o aprendizado animal, os behavioristas foram os primeiros a estudar os processos de aprendizagem em todos os animais.

A diferença está na dimensão em que o comportamento é influenciado pelo instinto ou pela aprendizagem. Como foi dito, a aprendizagem se dá no sistema nervoso, mais especificamente no cérebro, e por isso tem base físico-química, devendo ser verificada também sob o viés biológico.

O instinto é básico e comum a todos os indivíduos de todas as espécies. Trata-se de um comportamento inato e filogenético, ou seja, está presente no sujeito desde o seu nascimento e independentemente da ocorrência de um processo de aprendizagem anterior. Todos nós, humanos e animais, temos instinto de sobrevivência e de reprodução, mas outros instintos são específicos da espécie. Se um indivíduo apresenta um comportamento específico básico, todos os membros da espécie devem tê-lo, podendo ou não exprimi-lo, mas ele está latente e ativo. Entendermos o instinto, muitas vezes tomado como subjetivo, pode ajudar muito os profissionais de marketing, que além de perceber que algo não pode ser expresso pelo sujeito numa pesquisa, ainda pode notar um padrão, isto é, algo identificado em massa, o que facilita o estudo do comportamento do consumidor. Já a aprendizagem é um comportamento ontogenético, ou seja, que acontece durante a vida do indivíduo.

Nós humanos somos dotados com uma abundância de instintos vitais geneticamente programados. Muitos deles não são evidentes a nós porque operam abaixo do nível de consciência, provendo o funcionamento e a manutenção de células, tecidos e órgãos. No entanto, alguns instintos básicos geram comportamentos passíveis de ser manifestados e também observados, como tirarmos imediatamente o dedo ao chegar perto do fogo.

O homem é um animal social. Segundo Émile Durkheim essa é a característica que separa o ser humano dos animais, porque um homem sem sociedade pode ser considerado um animal. Mas a característica de ser social é antes uma função biológica. Os animais são sociais. Na Wikipédia, define-se "sociedade" como um conjunto de pessoas que compartilham propósitos, gostos, preocupações e costumes, e que interagem entre si formando uma comunidade. Ainda dentro da mesma visão sociológica, a comunidade é um conjunto de pessoas que se organizam sob o mesmo conjunto de normas, geralmente vivem no mesmo local, sob o mesmo governo ou compartilham do mesmo legado cultural e histórico. Agora pare e pense: se mudarmos a palavra "pessoa" e a substituirmos por "indivíduos", porque em biologia esse termo é sinônimo de um organismo, as definições de sociedade citadas cabem perfeitamente para os grupos de animais. É antropocentrismo achar que somos os únicos seres sociais do planeta. A sociabilidade do homem é de origem biológica, porque não foi criada por ele, mas é algo inerente ao reino animal. Formigas são sociedades, abelhas também, leões vivem em sociedade, assim com os gnus e as zebras.

Para confirmarmos isso, podemos ler algumas das passagens relatadas no brilhante livro *Eu, primata,* de Frans de Wall, que busca provar a bondade em alguns animais. Lá ele descreve que, costumeiramente, os primatas não humanos cuidam de companheiros feridos, mesmo que não tenham com eles parentesco nenhum. Eles diminuem suas marchas quando um integrante do grupo não consegue acompanhar, pegam alimentos para os mais velhos que não conseguem mais subir em árvores, o que prova que além de termos altruísmo, temos comportamentos sociais como bagagem ancestral. A sociabilidade, portanto, é biológica, faz parte da vida e não é particular somente ao ser humano.

Uma descoberta que particularmente me encanta é o chamado "senso de *quorum*" das bactérias, descoberto pela Dra. Bonnie Bassler — Bióloga Molecular — e sua equipe. Eles descobriram que as bactérias se comunicam com seus coespecíficos, isto é, comunicam-se intraespécies e também interespécies. O fenômeno da comunicação entre as bactérias é chamado de "quorum sensing" ou senso de grupo, um processo que permite a esses seres unicelulares se comunicar usando moléculas sinalizadoras químicas chamadas *autoinducers* ou autoindutoras. Este processo permite ou possibilita às bactérias detectar quantas são no ambiente e, a partir daí, agir como um organismo multicelular. Quer dizer que a comunicação entre elas é que gera um determinado comportamento. No senso de *quorum*, ou por meio dele, a bactéria acessa a densidade populacional, detectando a concentração de um autoindutor particular que é correlato da densidade celular. Por exemplo, *quorum sensing* controla a bioluminescência de uma determinada bactéria marinha, chamada *Vibrio harveyi*. As bactérias expelem uma substância química que as faz perceber se estão sozinhas ou rodeadas de outras bactérias semelhantes, e até mesmo de grupos diferentes. Se a quantidade de substância química for pequena, elas sabem que estão sós, ao contrário, se for elevada, elas são capazes de identificar que estão em grupo e se esse grupo é de bactérias iguais a elas ou diferentes.

Bactérias são os mais antigos organismos vivos na terra. Estão aqui há bilhões de anos, muito mais tempo do que os seres humanos, e são células simples, organismos microscópios. Normalmente são consideradas passivas e reclusas, podendo ser associais ou não sociais. Elas também podem produzir luz. Numa apresentação em vídeo encontrada no TED (organização sem fins lucrativos dedicada à novas ideias nas áreas de tecnologia, entretenimento e design), a Dra. Bonnie Bassler disse que o importante da descoberta não é que a bactéria produz luz, mas sim quando produz luz. Sozinhas elas não produzem luz, mas quando crescem e se dividem, formando um número grande de bactérias, todas elas produzem luz simultaneamente. E a maneira como fazem isso é curiosa: conversam umas com as outras por meio de uma linguagem química. Quando estão sós, secretam pequenas moléculas como hormônios e as moléculas ficam flutuando em volta delas.

Ao crescerem e se duplicarem, todas produzem as moléculas e estas passam a ser mais numerosas que as próprias bactérias. Quando as moléculas atingem um certo número, as bactérias conseguem saber quantos são os seus vizinhos, e se reconhecem. Então, todas acendem a luz em sincronia.

Em geral, uma parte das moléculas das bactérias é idêntica em todas as espécies, mas outra parte é diferente. Cada bactéria tem um receptor de moléculas que serve somente para as moléculas de sua espécie. Portanto, elas têm conversação secreta, privada ou intraespécie. Cada molécula usa uma partícula específica para reconhecer e contar o seu grupo. Assim, as bactérias têm comportamento social. Além disso, também é necessário que elas tenham senso da população total, não só da própria espécie, e a cientista descobriu que as bactérias são multilíngues. Elas possuem também outro sistema, igual ao anterior, com produção interna de proteínas e receptor. É a comunicação interespécies.

Desse modo, a bactéria pode contar quantos de "mim" e quantos de "você" há no ambiente, avaliar quem está em maioria e em minoria e que medida tomar, dependendo da quantidade de coespecíficos ou estranhos. Existe uma molécula de comunicação universal (portanto toda bactéria tem a mesma molécula para esse tipo de comunicação). A pesquisadora diz que essa molécula é o "esperanto" das bactérias ou a linguagem universal.

Quer dizer, as bactérias, seres primitivos e minúsculos, consideradas individualistas, já podem ser vistas de outra maneira. Esse estudo mais uma vez comprova que o ser humano não é o único que tem linguagem, que fala "idiomas" diferentes e que age ou se comporta em função da sociedade. E se uma bactéria, ser unicelular, faz isto por instinto, percebe-se que o instinto está muito presente no comportamento animal e, consequentemente, no nosso também.

Assim como viver em sociedade ou ser sociável não é uma característica exclusiva da espécie humana, mas em princípio animal, a cultura também existe no reino animal. Basta pensar que cultura é um conjunto de práticas e ações sociais que seguem um padrão determinado no espaço, referindo-se a comportamentos, valores, instituições, regras morais que permeiam e identificam uma sociedade. Os animais têm comportamentos próprios e, às vezes, tão similares aos nossos que ficamos espantados e encantados. Eles também têm valores e regras morais, por isso se organizam e ajudam uns aos outros; têm hierarquia e respeito, mecanismos sociais que controlam o funcionamento da sociedade; organização por normas e regras implícitas que visam à ordenação e interação entre indivíduos do grupo, com padrões próprios para cada espaço, pois animais da mesma espécie que vivem em lugares diferentes têm costumes variados de caça, convívio e criação dos filhotes. Assim sendo, os animais não humanos também possuem cultura, certamente não como a dos seres humanos, que são mais sofisticados em função das suas capacidades cerebrais.

Veja bem, não estou igualando o ser humano ao animal, mas demonstrando que características que pareciam ser exclusivamente humanas na verdade foram herdadas do reino animal. Na visão do "animal racional" de Descartes, os elementos que nos diferenciariam dos animais seriam a linguagem, a razão, o intelecto e a consciência moral. Já está mais do que provado que os animais têm todas essas capacidades, ainda que de maneira rudimentar. Eles têm linguagem própria e se comunicam perfeitamente, até porque a linguagem é um comportamento inato; têm consciência moral, como provam as pesquisas com os bonobos.

Alex, o papagaio africano cinzento, aprendeu a identificar mais de 70 imagens referentes a objetos, ações, cores, formas e materiais. Ele respondia a diferentes questões sobre o mesmo objeto e demonstrava entender noções de quantidade. Esse mesmo animal conseguia olhar para alguns objetos diferentes e dizer quantos eram de que cor, respondendo corretamente cerca de 80% das vezes.

Ética é outro valor que também está presente em todos os animais. Eles não são apenas selvageria, como gostamos de pensar, e não podemos nos esquecer de que também a selvageria está presente no ser humano. Nós podemos ter uma visão antropocêntrica, zoocêntrica ou biocêntrica da ética. A primeira tomando o homem como referência, a segunda centrada nos animais e a terceira centrada na vida, valendo para todos os seres vivos e chamada de bioética, ponto de vista que aqui defendo. O animal tem intelecto porque possui inteligência, perspicácia, o que é comprovado nas estratégias de caça de mamíferos e répteis.

Eles têm representação mental, porque calculam antecipadamente e de maneira quase exata o modo de cercar suas presas, portanto eles planejam, avaliam, julgam seus atos antecipadamente e fazem emboscadas com finalidade de caça. Isso significa que, de maneira primária, eles podem também ter razão, porque raciocinam e ponderam suas ações, seus medos.

Wall, que trabalha com bonobos, disse que já estava acostumado a ver grandes primatas saudando uns aos outros, mas presenciou um caso em que um deles deu adeus. O que é isso senão o planejamento, senão a premeditação de uma ação futura e o uso do intelecto? O que é isso senão o uso da inteligência e da experiência? O mesmo autor e pesquisador ainda contou um caso sobre dois primatas chimpanzés que tramaram a queda de um terceiro, dominante e arrogante. Dá para perceber alguma semelhança com o poder e a política que muitos acham ser um privilégio humano? Não há como negar e nem por que negar. Aliás, um estudo feito por cientistas brasileiros contesta a acepção aceita, desde dois séculos atrás, de que o ser humano tem maior capacidade cognitiva devido a seu cérebro relativamente avantajado.

Os resultados de tal estudo mostram que o tamanho e o número de neurônios do cérebro humano são compatíveis com os de um primata de nosso porte. Nem maiores nem menores do que o esperado.

Como se não bastasse, os primatologistas estão cheios de outros vários exemplos de que nós temos muito dos primatas não humanos, provando que instintos e outras faculdades mentais estão presentes nos animais e não são características exclusivamente humanas. Assim, devemos reconhecer o contrário: que são faculdades animais que nós também possuímos. Em grande parte, queiramos ou não, agimos como os animais, e para entendermos esse tipo de comportamento não nos adianta perguntarmos o que estamos fazendo e por quê. São processos que ocorrem de maneira não consciente. Poderemos até observar, como faz a antropologia, o que é muito bacana e produtivo, mas certamente não poderemos simplesmente perguntar ou entrevistar. Ficará faltando um pedaço. Minha recomendação para pesquisas de comportamento de consumo é usar mais de um método e incluir análises biológicas e físico-químicas, que fazem parte do nosso ser. Caso contrário, o pesquisador vai dizer o que quer e ouvir o que não quer. Talvez por esse motivo tantos produtos tenham falhado, ao ser introduzidos no mercado, e morrido em pouco tempo. Não se sabia o que as pessoas estavam querendo dizer e nem elas próprias sabiam dizer o que sentiam.

Tudo o que venho defendendo até então é para mostrar que o ser humano é um animal e, nessa condição, descende dos mesmos ancestrais, em primeiro nível compartilhado com os primatas chimpanzés e bonobos, depois com outros primatas e, por fim, com todos os mamíferos e até mesmo répteis, chegando aos unicelulares. É por isso que ele tem reações instintivas, primitivas e automáticas, sem consciência disto.

Este livro tenta abrir os olhos de cientistas da área de economia e de suas subáreas de estudos para as seguintes realidades:

1) temos instintos;
2) possuímos reações mentais parecidas com as dos outros seres vivos;
3) compartilhamos partes cerebrais com símios e até com répteis;
4) frequentemente nos comportamos de maneira similar a outros animais, sem que percebamos;
5) não somos diferentes no processamento cerebral, a começar pela química e a física das sinapses;
6) também não somos tão diferentes anatômica e fisiologicamente dos nossos ancestrais mais próximos.

O raciocínio é este: para investigarmos nossa biologia do comportamento, precisaremos entender a dos outros animais. Eu mesmo muitas vezes me perguntei qual era a base de estudo válida da psicologia evolucionista ou sociobiologia, e a resposta me veio quando comecei a pesquisar os cientistas que trabalham com bonobos e chimpanzés, notando quão parecidos são seus comportamentos com os nossos. Eles são o *link* entre nós e nossos ancestrais, com o apoio da etologia, paleontologia, arqueologia e não só das ciências antropocêntricas. Certamente não conseguiremos montar um quadro perfeito e acabado, até porque posso dizer que estamos a poucos anos do início dessas ciências que estudam o comportamento animal e humano, mas em nenhuma ciência há respostas definitivas.

Essas questões se tornaram mais complicadas à medida que a distinção entre o homem e o animal tornou-se menos defensável, devido aos avanços na biologia evolutiva, e fundamentalmente nas pesquisas com primatas. Embora Descartes alegasse que os animais eram máquinas sem razão, 300 anos mais tarde os behavioristas contestaram essa premissa. A fim de compreender a nós mesmos como seres humanos, precisamos entender outras espécies muito relacionadas a nós em vários aspectos do nosso comportamento.

Com essas experiências em mãos eu consigo alertar os profissionais de marketing para o lado animal do consumo, sem nenhuma conotação pejorativa para o termo "animal", mas sim como uma condição básica.

Mostro que nossos comportamentos, além de terem influência da química e da física corporal, principalmente do sistema nervoso, têm também um componente ancestral fortíssimo.

E vou ainda mais longe com outro exemplo dado por Frans de Waal num artigo que me enviou por *e-mail* com o título de *How Animals do Business*. Nele, o autor fala de uma pesquisa de outros cientistas que nos provam que os animais são economicamente ativos, planejadores, calculistas e têm estratégias próprias de marketing, como noção de atendimento ao cliente e distribuição de serviços. Há uma relação inquietante entre peixes, ato chamado simbiose de limpeza.

O peixe grande interage com um peixe menor, que vai tirando parasitas do seu corpo, até mesmo de dentro da boca. O peixes menores são conhecidos como "limpadores", os peixes maiores, como "clientes". Em geral, os tais limpadores ficam bem visíveis em determinados locais do arrecife, nas rochas ou nos corais, lugares chamados, por biólogos marinhos, de estações de limpeza. As estações de limpeza são procuradas pelas mais diversas espécies de clientes, desde os que vivem numa região próxima e têm seu raio de atuação em uma área curta ou pequena, até peixes que vivem em uma área imensa.

Cada um desses peixes limpadores tem uma estação, e algumas vezes o limpador está tão ocupado que os clientes têm de esperar em fila. Os peixes clientes são classificados em dois tipos: residentes ou vagantes. Residentes pertencem às espécies de territórios pequenos, que não têm chance de limpeza, a não ser se frequentarem o limpador local.

Os vagantes, por outro lado, são de territórios grandes ou viajam longas distâncias, podendo escolher entre uma quantidade grande de estações de limpeza e seus prestadores de serviço. Diferentemente dos primeiros, eles não querem esperar muito, desejam um excelente serviço e não querem tapeação.

Os limpadores geralmente são coloridos e com bastante contraste entre suas cores. Aqui percebemos a técnica de exibição feita pela embalagem na gôndola (peixe se destacando no coral) ou mesmo o *backlight* na frente do negócio. As cores que eles usam são combinações de preto com amarelo, azul e branco. As cores dos peixes são contrastantes com o fundo de coral ou da rocha, destacando os limpadores no seu ambiente e tornando-os mais visíveis aos seus clientes, porque os peixes são capazes de ver as cores. O mais incrível é que os peixes clientes que buscam os serviços de um limpador aprendem o caminho até uma estação de limpeza. Existe uma crença de que os limpadores e seus clientes se reconheçam individualmente. Comportamentos assim que, muitas vezes, envolvem uma troca de bens ou serviços entre os dois tipos de "comerciante", têm intrigado pesquisadores durante décadas. Esses peixes vivem uma relação biológica mútua, que nada mais é do que a troca de benefícios, a base da definição de marketing por qualquer autor da área.

Segundo o pesquisador brasileiro Ivan Sazima, da Unicamp, e sua equipe: Rodrigo Moura, Cristina Sazima, Ronaldo Francini-Filho e João Gasparini, as sessões de limpeza podem levar de alguns segundos a 15 minutos, e o movimento diário de peixes clientes nas estações de limpeza varia conforme a região. Cada limpador atende cerca de cem clientes por dia no litoral sudeste do Brasil, aproximadamente 500 no mar da Bahia, litoral do nordeste, e até mil na ilha de Fernando de Noronha. E o mesmo cliente pode recorrer à estação de limpeza mais de uma vez por dia. Essa limpeza é feita para manutenção da saúde dos peixes clientes.

De acordo com Frans de Waal, o Instituto Max Plank tem um pesquisador, Redouan Bshhary, cujos textos sobre os peixes limpadores parecem manuais de boas práticas de negócios. Segundo as constatações, os peixes vagantes podem mais facilmente trocar de estações de limpeza, pela área que percorrem, se os limpadores os ignorarem por muito tempo, trapacearem ou os deixarem na fila. Entretanto, os limpadores sabem disso e tratam vagantes e residentes de maneira diferente. Se ambos se encontrarem na espera, o limpador atenderá primeiro os vagantes, já que os residentes não têm muita opção de escolha ou outro lugar para ir e esperam sua vez pacientemente. Isto é pura análise de mercado. O pequeno limpador atende antes os peixes cujo território é maior, porque eles podem buscar novos fornecedores. É a distribuição de serviços com base na oferta e na demanda, portanto, noção econômica também é inerente a esses pequenos animais.

Voltando aos macacos, desta vez os da Indonésia, eles trocam *grooming*, uma espécie de carinho, por sexo. E o "preço" ou a taxa de câmbio entre o ato de *grooming* e sexo diminuiu desde que a quantidade de fêmeas disponíveis aumentou. Isso porque os machos faziam tais carinhos para trocar por sexo, e quando aumentou muito o número de fêmeas, eles já não precisavam mais fazer trocas, pois havia fêmeas sobrando. Aí está mais um exemplo de oferta e demanda.

Casos assim não são vistos apenas entre macacos indianos, mas entre várias espécies de primatas. Esse tipo de comércio não é somente por sexo, é por comida também. Pássaros da espécie bispos vermelhos, da África do Sul, tecem ninhos para atrair as fêmeas, pois essas procuram morada para pôr seus ovos, que devem ser frescos e verdes. Isso é muito diferente do nosso comportamento de compra de um imóvel antes de nos casar?

A teoria dos mercados biológicos foi proposta por Noë & Hammerstein em 1994 e 1995, e inclui todas as interações entre os organismos que trocam commodities, tais como bens (alimentos, abrigo) ou serviços (proteção, sexo, limpeza). O termo "mercado" foi escolhido pelos autores, porque se presume que mudanças na oferta e na procura provocam alterações no valor de troca dos produtos comercializados. As propriedades ou os princípios que caracterizam a biologia mercadológica são:

1) commodities são trocadas entre indivíduos que diferem no grau de controle sobre esses produtos;

2) parceiros comerciais são escolhidos dentre um número de potenciais fornecedores;

3) existe concorrência entre os membros da classe escolhida para ser o parceiro mais atraente, e o nível de concorrência provoca um aumento no valor do produto oferecido;

4) a oferta e a procura determinam o valor de troca das "mercadorias" (serviços e bens);

5) as commodities ofertadas podem ser anunciadas. A ideia funciona com um conjunto de regras básicas e se parecem em muitos aspectos os sistemas de comércio humanos.

Depois de tudo isso que apresentei até aqui, tente me provar que a economia é uma invenção humana e que o marketing não tem bases biológicas, que somente os seres humanos têm comportamento econômico e que a economia não está implantada nos nossos mecanismos inatos. Tente também provar que o comportamento econômico humano é racional e que pouco envolve a emoção e os instintos.

4. *Nature* versus *nurture* (inato x adquirido)

Esta é uma discussão antiga e que já está ficando ultrapassada para alguns autores, apesar de há pouco tempo Steven Pinker a ter tratado de maneira brilhante no livro *A tábula rasa*. De uma vez por todas quero deixar aqui a visão de que o inato é tão importante quanto o adquirido e vice-versa. Vou aqui em defesa do inato, da influência dos instintos no comportamento do consumidor, em função de o marketing tratar tão pouco desse aspecto ou viés.

O debate sobre a rota do comportamento humano tem um longo caminho, assim como o livre-arbítrio. Nossa conduta resulta da Natureza, isto é, de forças biológicas que antecedem nosso nascimento, o que significa que viemos ao mundo com algumas características que talvez não possam ser controladas, ou tenhamos reações das quais não saibamos explicar o porquê. Alguns cientistas, os mais ligados à psicologia evolucionista, às neurociências, à etologia e a outros ramos biológicos, reconhecem que os fatores biológicos não são os únicos, mas que nossos atos são resultados de forças que vêm desde antes de o nosso nascimento, e até de nossos ancestrais hominídeos, e nem sempre são influenciadas fortemente pelo ambiente externo. Já os behavioristas alegaram que nós chegamos ao mundo como uma tábula rasa, sem informações, e as fomos adquirindo com a vida. Portanto, o comportamento é resultado da nossa vivência individual, de nossas interações com o ambiente externo. Sem querer levantar polêmicas, fica aqui uma pergunta minha: o aprendizado que vem do ambiente externo, de fora do sujeito do comportamento, não é também biológico? Essa ação ou provocação externa foi detonada por um ente biótico ou abiótico do mundo, portanto, natural e, consequentemente, biológica. Por outro lado, o aprendizado se dá no cérebro do sujeito aprendiz, então também é um processo biológico.

Engraçado é que o homem é antropocêntrico quando lhe interessa, mas quando faz maldades, diz que foi um ato "animal". Quando acontece uma fatalidade em função do comportamento humano, a religião diz que "Deus quis assim", se o homem faz algo errado, imoral ou não ético, é porque "foi influenciado pela sociedade", quer dizer, nunca somos responsáveis, temos sempre uma desculpa para o comportamento humano, sempre fora dele mesmo, isentando-o da responsabilidade dos seus atos. No comportamento de compra acontece o mesmo: a pessoa comprou porque foi influenciada pelos colegas, pelo círculo de convivência, ou porque "a sociedade fez isso com ela".

Existe outro debate infindável entre Natureza do sujeito, ou seja, qualidades inatas, e as experiências pessoais. A primeira apoiada pelo nativismo ou inatismo, e a segunda, pelo empirismo ou behaviorismo, buscando explicações para o comportamento humano. Esta última é conhecida como teoria da "tábula rasa" e alega que o ser humano nasce sem informação nenhuma, mas, conforme o tempo passa, vai adquirindo conhecimento e comportamento. A análise do comportamento deve considerar os organismos em três níveis: filogenético, em que se deve levar em conta a história evolutiva de toda a espécie, perceptível após várias gerações; ontogenético, que considera e analisa o aprendizado de cada organismo em sua história de vida; cultural, que estuda as particularidades ou especificidades da cultura em que está inserido o sujeito. As abordagens ontogenética e filogenética acreditam que nós nascemos com alguns dos comportamentos básicos, como o de sobrevivência, e com a aculturação e socialização vamos adquirindo informações e moldando nosso comportamento, sem perder aqueles que são inatos ou filogenéticos. Todo comportamento pode ser produzido a partir de diferentes processos, que não são excludentes, mas ao contrário, somam-se. Novamente os teóricos têm sido muito cartesianos, "assim" ou "assado", "de um jeito" ou de "outro jeito".

A vida não é simplista assim, muito pelo contrário, é complexa. Portanto, a resposta, a meu ver, é que novamente não existem esses limites, todos os processos influenciam o comportamento. Todos são fundamentais para a sua análise.

Eu acredito que o inato é universal. São comportamentos que dividimos com todas as pessoas do mundo, e o que varia é o aprendido. Algumas reações humanas são iguais em qualquer lugar, e outras são bem diversas. Isso dificulta a análise do comportamento, pois há uma variedade imensa de ações, conforme a cultura do indivíduo, mas não somente isso, o ambiente natural e ecológico em que vive o sujeito também altera o seu comportamento. Assim sendo, temos comportamentos genéricos e comportamentos específicos, que variam conforme cultura e ambiente. Aliás, a cultura está envolvida no ambiente, faz parte dele, portanto, a variação cultural acontece em função da mudança ambiental que no fundo é um aspecto biológico.

O ambiente é composto de elementos bióticos (vivos) e também abióticos (não vivos). Ambos influenciam no comportamento geral e, especificamente, no comportamento de consumo. Se não é influenciado pelo inato, é influenciado pelo adquirido ou aprendido e ambos os fatores são ambientais, com raízes biológicas.

A teoria da tábula rasa, que defende o aprendido e não considera o inato, coloca que a mente é um papel em branco em que vão se registrando informações com o passar do tempo, durante a vida do indivíduo, ou como uma massa bruta que pode ser modelada como se queira. Esse pensamento defende que é a experiência que nos transforma no que somos e pressupõe que não há influência de instintos nas atitudes humanas. Mas se somos uma tábula rasa ao nascer, como temos tantas estratégias para nos defender, para pedir comida e fazer outras ações? Onde é que aprendemos tudo isso? Como sabemos, nas mais tenras idades, o que é perigo e o que não é? A descoberta do neurônio espelho é uma prova cabal de que, desde muito cedo, temos instintos que nos levam a agir. O neurônio espelho nos faz "copiar" comportamentos dos outros, quer dizer, o comportamento não existe, mas o mecanismo para apreendê-lo está lá, desde que nascemos ou até antes dele.

O aprendido tem relação com a consciência, com o "saber que" e, diferente disso, o inato tem relação com a inconsciência. Talvez, por essa relação é que não reconhecemos o que não podemos entender, não enxergamos o que não compreendemos, não aceitamos o que não é claro e perfeitamente explicado.

Se chegarmos mais perto de nosso tema "o comportamento de consumo", perceberemos rápida e facilmente que não há nada mais inato do que esse ato, que nasce com a gente, que é uma necessidade básica.

O comportamento de consumo é instintivo e serve para nos manter vivos. Assim, fica complicado analisá-lo somente pelos olhos da sociologia, antropologia, psicologia e ou mesmo das três em conjunto, sem a presença da biologia, mais especificamente da anatomia e da fisiologia.

A genética, mal interpretada, tem sido a grande vilã e o maior temor do ser humano com pouca informação, no que diz respeito à Natureza humana, e o que é ensinado e aprendido. Por um lado, temos os ataques, em cima principalmente, às teorias da dupla-hélice do ADN e à teoria da evolução. Os discursos contra essas visões é que reduzem a complexidade do comportamento humano, porque são cartesianos, colocam fatos e informações da maneira mais ultrapassada: natural *versus* adquirido. Não há "um *versus* o outro", existe sim a influência de um e de outro no comportamento humano. Às vezes prevalece um e em outras ocasiões prevalece outro, mas ambos estão sempre presentes, interagindo para gerar comportamento. Não existe "contraponto", expressão tão adorada pelos teóricos sociais, o que existe é "complementação". Os discursos que reduzem a complexidade do comportamento a uma causa ou a outra já estão ultrapassados.

O ADN, em inglês *Deoxyribonucleic acid*, ou DNA Ácido desoxirribonucléico é uma molécula orgânica que contém a "informação" que coordena o desenvolvimento e funcionamento dos organismos vivos e, por isso, influencia o comportamento, já que este está ligado diretamente ao funcionamento e desenvolvimento de tais seres. Aqui se encontra a filogenia ou história da espécie, a ontogenia, que é a história biológica do indivíduo, e a fisiologia, que trata do funcionamento do mesmo organismo. A anatomia está ligada à filogenia e à ontogenia.

A maldade, a infidelidade e toda sorte de maus comportamentos estão sendo imputados aos genes por um lado, o lado reducionista genético, e daí vem o troco do lado das ciências sociais que buscam provar a influência social e cultural nesses comportamentos, e passam a chamar aqueles de deterministas biológicos. Não há dois lados, mas sim vários lados que se completam. Quem reduz ou alega que fatores isolados determinam alguma coisa não enxerga a complexidade do comportamento dos seres vivos e quem não aceita os fatores biológicos ou não toca neles para análise comportamental também pode se considerar cientificamente míope. A genética influencia o comportamento dos sujeitos humanos e animais, isto é fato, mas não sozinha.

Todos esses preconceitos existem porque tanto o genoma humano como a evolução geram as novas ciências que buscam respostas comportamentais nos ancestrais. Tratam de novíssimas descobertas, sendo assim, ainda existe um longo caminho a percorrer até que nos deem respostas mais definitivas. Mas nem por isso devemo-nos sentar e esperar que elas se desenvolvam para daí começarmos nosso trabalho de análise do comportamento de consumo. É melhor nos apressarmos porque aqueles campos e suas pesquisas estão numa velocidade incrível e nós, pelo menos 60 anos atrás, com as mesmas análises e sem nenhuma novidade, apenas descobertas incrementais, mas não inovadoras.

Quem é que nesses anos todos propôs algo além do Kotler, nos dois sentidos, quem aventou outra teoria e se adiantou a esse genial autor de marketing? Levante a mão, por favor, somente se a sua proposição se encaixar numa das duas alternativas acima!

Para encerrar este capítulo quero deixar aqui definitivamente esclarecido meu ponto de vista que vai acompanhar todo o livro. Não há reducionismo, apenas a visão de uma parte do comportamento humano desprezado, até pouco tempo, pelo teóricos de marketing. Não dá para eliminar a visão sociológica, nem a antropológica, muito menos a psicológica, pois se chegamos até aqui foi por meio delas, mas é preciso voltar às bases e levar em consideração outros aspectos biológicos que não fazem parte do comportamento mas são geradores dele. Não há uma predominância dos genes no comportamento humano, nem dos hormônios, nem do comportamento ancestral. Assim como não há predominância da cultura, da aprendizagem, senão o ser humano seria um ser plástico, sem vontade intrínseca, uma massa de moldar que a cultura e a sociedade manuseariam como quisessem.

Não pretendo ser determinista nem reducionista. Considero e respeito as teorias sociais e levanto a bandeira esquecida das ciências biológicas. Não acredito em dicotomias, nada deve ser colocado sob um ou dois pontos de vistas, mas sob vários. Não pretendo ser zoocêntrico, mas respeito, e muito, a etologia na análise do comportamento. A biologia é a ciência dos coisas vivas, que engloba desde o estudo das plantas até como o cérebro humano trabalha. E se o comportamento humano é produzido pelo sistema nervoso, com organização do cérebro, não podemos deixar de olhar para a biologia. Não acredito que negar a biologia ou mesmo virar a cara para ela vá trazer algum benefício para o marketing, muito pelo contrário, só trará prejuízos, porque ela pode nos mostrar novos, diferentes e produtivos caminhos para entender o comportamento de escolha, compra e consumo das pessoas.

Entendendo os conceitos de inato e adquirido e o que podemos ou não mudar, teremos uma grande vantagem competitiva. Esta visão pode transformar nossa maneira de fazer marketing e de planejar nossas ações mercadológicas. Basta que os profissionais da área aceitem e procurem entender mais de biologia, neurologia, psicologia evolucionista e Natureza humana essencialmente.

BIBLIOGRAFIA

AGOSTINHO, Aurélio. Disponível em : www.pensador.info/autor/Santo_Agostinho/2/. Acesso em: 13/10/2009

ALMEIDA, Luis Bigotte. A educação dos genes: Uma viagem às origens biológicas do comportamento humano: Lisboa: Gradiva, 2009.

BLESSER, Bonie. how bacteria "talk". Fevereiro de 2009 - Disponível em : http://www.ted.com/index.php/talks/bonnie_bassler_on_how_bacteria_communicate.html. Acesso em: 14/04/3009.

BUCHANAN, Mark. Apenas animais. Galileu, número 194. São Paulo: Editora Globo, 2007.

CARVALHO, André; WAIZBORT, Ricardo. A Mente Darwininana: A descoberta de que os macacos têm origem comum questionou o lugar glorioso do Homo sapiens na ordem natural. Estudos atuais em neurociências apontam que os homenws e animais têm processos cerebrais semelhantes- Tanto cognitivos como emocionais. Revista Viver Mente e Cérebro, ano XIV, número 157. São Paulo: Editora Duetto, 2006.

CARVALHO NETO, Marcos Bentes de, MENEZES, Aline Beckmann.Determinismo reducionista biológico e a explicação do comportamento. Disponível em: http://www.comciencia.br/comciencia/?section=8&edicao=26&id=294. Acesso em: 18/02/2009

CHEDICK, Karla. O problema da falácia naturalista para o projeto de uma ética evolucionista. Disponível em: http://www.scielo.br/pdf/kr/v47n113/31146.pdf. Acesso em: 10/12/2009

COREY, S. Goodman. The evolution of evo-devo biology. Disponível em: http://www.pnas.org/content/97/9/4424.full. Acesso em 15/12/2009

DARWIN, Charles. A expressão das emoções no homem e nos animais – São Paulo: Companhia das Letras,2009.

DARWIN, Charles. A luta pela sobrevivência – Rio de Janeiro: Agir Editora Ltda, 1987.

2 Economia natural

1. A economia natural e animal

Depois de colocar os pontos de vista que defendo, ou seja:

1) a biologia é inerente ao ser humano e, portanto, produz comportamento;

2) o livre arbítrio não existe da maneira como gostaríamos, no sentido de sermos livres para escolher sem nenhuma influência de processos internos anteriores ao comportamento aparente;

3) o ser humano não é totalmente diferente e superior às criaturas vivas do planeta em relação ao seu comportamento e, muitas vezes, incorremos em erros por nos esquecer de que houve uma evolução, ou seja, de onde viemos e aspectos e características físicas e comportamentais que carregamos;

4) a cultura e a sociedade não são os únicos fatores influenciadores do nosso comportamento, pois não somos uma "tábula rasa", temos uma história filogenética e também ontogenética que nos influencia nas decisões.

Esses são os quatro princípios que nortearão o livro daqui em diante.

Isto significa admitir que a biologia governa nossos comportamentos bem mais do que muitos cientistas sociais gostariam. É preciso admitir e investigar todos os aspectos que influenciam e atuam sobre o comportamento e que, antes disso, fazem parte do próprio processo comportamental. Essa visão já é clara para os cientistas, profissionais e estudiosos das neurociências, da psicologia evolucionista, da endocrinologia e genética comportamentais, mas não é tão evidente nos textos de marketing e comunicação mercadológica. A economia vem trabalhando essas facetas do comportamento faz algum tempo, mas as suas subciências estão ainda acordando para esse viés.

Porque creditar ao homem o que já existia antes dele? Essa é a grande pergunta que faço. E respondo: antropocentrismo puro. Existia uma economia natural quando éramos primatas, uma economia dos animais e até uma economia celular, atrevo-me a dizer. A economia é inerente à Natureza e não produto do ser humano. Nós conhecemos a economia natural que corresponde à atividade econômica em sistemas primitivos fechados, nos quais as trocas se davam dentro do mesmo núcleo familiar (ou clã) e que perdurou por muito tempo durante a evolução da atividade econômica, mas antes dela os animais já viviam, como fazem hoje, de forma econômica. A vida, na perspectiva evolucionária, equipou o ser humano e também os animais com habilidades para sobreviver num ambiente complexo, rápido, mutável e, muitas vezes, perigoso. Para toda criatura viva o jogo evolucionário envolve a obtenção de recursos para viver o maior tempo possível e procriar. A economia é, portanto, uma atividade para o animal permanecer vivo, e não um jogo inventado pelos humanos. Segundo as novas teorias econômicas, como a neuroeconomia e um dos seus autores Michael Shermer, a evolução e a economia não são apenas ciências análogas, mas duas formas de um mesmo fenômeno chamado sistema complexo adaptativo, em que cada elemento individual, partes e agentes interagem e a partir daí processam informação e adaptam seus comportamentos às condições mutantes.

Economia é um campo que busca entender a produção, a distribuição e o consumo de bens e serviços. As formas de comportamento humano (quando do viés das ciências sociais) são resultados da relação entre os recursos limitados e as necessidades infindáveis do mesmo homem. Mas essa é uma visão estreita porque a economia existe na Natureza e não permeia somente as necessidades e os desejos dos seres humanos, mas de todos os outros animais e seres vivos. A economia tem como uma de suas funções explicar como os sistemas econômicos funcionam, a atuação e a interação dos agentes econômicos. Essa ciência estuda como uma sociedade aloca recursos produtivos com o intuito de maximizar a satisfação das necessidades dos sujeitos e da sociedade em si.

Existem divisões para os estudos da economia, como a microeconomia e a macroeconomia. A primeira investiga o comportamento dos agentes econômicos, a segunda, de modo mais abrangente, os grandes sistemas econômicos. Na Natureza, a microeconomia é a análise do comportamento econômico de cada ser vivo, que é onde nos apoiamos quando estudamos o comportamento de consumo dos sujeitos. Portanto, reconhecer que todos os seres vivos têm comportamento econômico é o princípio básico para aceitar e entender a influência biológica no comportamento econômico dos sujeitos. Porque se um animal, que têm ancestrais em comum conosco, já "pratica" economia, é sinal de que a invenção dela não nos pertence. A economia é natural.

Podemos ter entendido melhor e sistematizado a ciência, mas não a criamos. E se a economia é inerente ao ser vivo está certamente inclusa na biologia. Uma coisa é como estudamos as ciências separando-as, outra coisa é a intersecção natural que existe entre elas. As ciências não são separadas. Nós é que as dividimos para poder entendê-las. Talvez tudo seja uma só ciência com seus vários vieses.

É do conceito micro em economia, na sua concepção mais abrangente e moderna, que me utilizarei com frequência para explicar o comportamento dos seres econômicos, pois vou tratar não de uma visão abrangente, mas sim da visão econômica dos sujeitos, de suas necessidades.

Aliás, foi dentro da própria microeconomia que surgiu a economia comportamental, um viés que estuda os fatores cognitivos e emocionais para entender as decisões econômicas dos indivíduos humanos.

Frans de Waal foi categórico quando lhe perguntei por e-mail se os animais fazem negócios. Ele me enviou vários *papers* que comprovam o seu entusiasmo e obviamente o meu também. Em um dos seus textos, o cientista disse que os imóveis da Natureza, como a conchas vazias e os buracos cavados por pica-paus nas árvores, assim como acontece no âmbito humano, também estão sempre mudando de mãos. Os eremitas, por exemplo, por crescerem, estão constantemente à procura de novas moradias. No momento em que se mudam para uma concha mais ampla, outros chegam a fazer fila para se apropriar da que ficou vazia. Isso se chama oferta e demanda, acontecendo também na Natureza.

A economia tem bases naturais, está implícita nas estratégias de reprodução e sobrevivência dos animais em geral. Outros animais, como os símios, vão além e fazem negócio. Se economia é uma ciência que estuda como uma sociedade aloca recursos produtivos com o intuito de maximizar a satisfação das necessidades dos sujeitos e da sociedade em si, a produção, distribuição, e o consumo de bens e serviços, temos provas sobrando de que essa ciência deriva da área biológica e não puramente da área social em que está alocada. Bem, já disse que mesmo as ciências sociais têm fundamentos biológicos.

Quando um chimpanzé sai para caçar atua em grupo e, logo depois da caça, quase sempre separa em partes o corpo da presa e as reparte com o grupo. Mas nem todos conseguem um pedaço, a não ser que tenham participado da caçada. Ainda que seja um macho de grau mais alto na hierarquia, se não tiver participado, pedirá um pedaço em vão. Alguém pode dizer que isso não é um comportamento econômico? Certamente que sim, pois é a alocação de recursos, mediante a produção, distribuição e consumo de produto. Outro comportamento econômico é o respeito pela posse que os símios têm. Não é do costume deles tomar alimento dos outros à força. Os pedintes mantêm a mão aberta com a palma para cima, choramingam e lamentam, pedindo uma porção. A posse e o respeito a ela é um evento econômico.

Deixando o campo dos macacos, evolutivamente os mais próximos a nós, e procurando em outras espécies animais, também encontramos os mesmos comportamentos econômicos vistos nos seres humanos. O caso que citei no primeiro capítulo dos peixes limpadores é um desses comportamentos. Esses peixes, um deles chamado peixe-palhaço, prestam serviços mais rapidamente para os peixes grandes, que têm costume de nadar por um território maior e encontram mais prestadores de serviço de limpeza do que os que vivem num território menor.

Não há mais dúvidas de que os primatas têm senso numérico, assim como outros animais mais distantes de nós, evolutivamente falando, incluindo abelhas e pintos. A matemática básica provavelmente é inata e pode ter evoluído de centenas de milhões de anos atrás. A semelhança entre seres humanos e macacos sugere que as habilidades numéricas são filogeneticamente antigas, um mecanismo que evoluiu para organizar o mundo natural. Claro que, não tendo o mesmo sistema simbólico para representar números, as habilidades numéricas dos animais jamais vão chegar aos níveis dos seres humanos, até porque nossa capacidade de processamento cerebral é bem diferente.

Elizabeth Brannon é uma psicóloga que faz pesquisas com símios no *Primate Research in the Brannon Lab,* na Duke University, em Durham, Carolina do Norte. Ela diz que representação numérica e cálculo não são competências unicamente humanas. Em um experimento, macacos Rhesus e estudantes universitários deveriam escolher o maior dos dois conjuntos de objetos geométricos que apareciam rapidamente no monitor de um computador. Ambos os grupos realizaram com sucesso a tarefa, e Brannon e sua equipe concluíram que, assim como os seres humanos, macacos cometem mais erros quando a relação entre os dois grupos é menor, ou seja, quando a diferença numeral entre os grupos é pouca.

Mas como disse, os primatas não são os únicos com capacidades numéricas. Claudia Uller, também psicóloga que pesquisa comportamento de salamandras, percebeu que esses animais, distantes evolutivamente do ser humano, podem distinguir números altos de baixos. Para fazer a pesquisa, ela e sua equipe provocaram ou tentaram salamandras com dois conjuntos de moscas das frutas presas em tubos transparentes. Numa série de ensaios, os pesquisadores observaram para qual tubo os anfíbios se dirigiam, e perceberam que ele tinham uma capacidade de reconhecer números, voltando-se para o tubo que tinha mais moscas. As salamandras tinham sucesso nos tubos que continham uma diferença entre 8 e 16 moscas, mas não entre poucas, como três e quatro ou quatro e seis, ou ainda 8 e 12. Mas já vimos que mesmo os seres humanos cometem erros quando a relação ou a diferença é menor. Na experiência da Dra. Elizabeth Brannon, portanto, mantendo-se as proporções e capacidades cerebrais, vê-se que as capacidades de entender quantidades é muito parecida.

Ratos têm noção matemática, corvos possuem habilidades numéricas e papagaios, como o famoso Alex, também as têm. Leões são outros exemplos de conceitos matemáticos implícitos. Quando ouvem mais rugidos do que o número de leoas no grupo, as fêmeas se retraem e se afastam; quando há mais fêmeas no grupo do que rugidos de prováveis ameaçadores de território, as mesmas leoas se preparam para o ataque aos intrusos. Trata-se de algo que vou chamar de "economia natural".

Keith Devlin, em seu livro *O instinto matemático,* tem um parágrafo que resume tudo o que quero dizer sobre a capacidade dos animais para uso dos números e, consequentemente, para trazer a certeza de que a economia é inata. O autor diz:

> *"Se você quiser encontrar o maior matemático do mundo, não precisa viajar para as universidades de Harvard, Stanford ou Princeton. Simplesmente passeie em um jardim, dê uma caminhada pela floresta ou vá até a praia. Pois a Natureza acaba revelando o maior de todos os matemáticos. Por meio da evolução, a Natureza dotou muitos animais e plantas ao nosso redor de habilidades matemáticas verdadeiramente notáveis".*
>
> *(Keith Delvin,2009. p. 40)*

Os corvos que citei anteriormente sabem diferenciar caixas com ou sem comida por meio de tampas marcadas com bolinhas e cartões com o mesmo número de marcações, arranjados de maneiras diferentes das tampas. E o que é fazer economia senão contar, somar, subtrair, relacionar necessidades, desejos e demandas com quantidades de produtos e serviços ofertados e a troca destes por outros produtos e serviços usando moedas com equivalência?

Isso tudo quer dizer que tantos os animais mais próximos evolutivamente como os mais distantes dos seres humanos têm um sistema numérico em mente, entendem matemática e diferenciam mais facilmente pequenos grupos de números, e que essa habilidade cognitiva é ancestral.

Portanto, parece que até mesmo os nossos parentes mais distantes têm alguma noção de número, mas esses estudos ainda não mostram se os animais aprendem a contagem pela formação ou se nascem com essas competências. Mas já é evidente que o aprendizado matemático é uma capacidade evolutiva e, portanto, nos foi transmitida biologicamente, não culturalmente por abelhas, salamandras ou macacos.

Número é um objeto da matemática usado para descrever quantidade, ordem ou medida. A economia trabalha com números, nos valores das ações, na contabilidade, inclusive no preço, e aí entra nossa capacidade de reconhecer montantes e diferenciar números para fazer escolhas do melhor investimento e do menor preço, por exemplo. A relação custo, benefício. Nós contabilizamos e os animais também. Assim, juntamos, às outras já citadas, mais uma prova de que a economia básica de valoração por quantidade é inata. O organismo tem sua contabilidade própria para manter a homeostasia, por que outros cérebros sabidamente menos desenvolvidos cognitivamente não o teriam?

Os cérebros não deixam registros ou vestígios fósseis, mas concordamos com os princípios da evolução, pois o estudo das tribos primitivas ou animais para entender as habilidades econômicas é um caminho válido e perfeitamente aceitável cientificamente.

A mente dos bebês é outra confirmação de que a economia é inata. A pesquisadora Karen Wynn deu um susto em psicólogos infantis quando demonstrou que bebês de quatro meses de idade eram capazes de resolver problemas de adição e subtração. Outros pesquisadores confirmaram o fato reproduzindo a pesquisa muitas vezes. O susto aconteceu porque se imaginava que a percepção do que se chama de "numerosidade" se desenvolvia depois que a criança aprendia a contar, mas ao contrário disso, desde 1992, quando Wynn fez suas pesquisas, sabemos que nascemos com essa percepção de números, ou a adquirimos logo após o nascimento. A questão é que não precisamos de uma palavra ou de um símbolo para ter noção de numerosidade. Isso é um passo em direção à prova de que a economia é filogenética e não puramente cultural e aprendida, como pensávamos. E confirmamos que não somos definitivamente uma "tabula rasa".

Os novos pensamentos econômicos discordam da economia tradicional, que tem como princípios a maximização e a racionalidade dos sujeitos econômicos. A economia considera o indivíduo como um maximizador de lucro guiado pelo egoísmo, como já afirmava, no século 17, Thomas Hobbes. Nesse viés prevalece o contrato social, que é contrariado pela biologia, no momento em que mostra que os primatas vivem em grupo e isso significa que somos naturalmente equipados com a vontade de achar parceiros para podermos trabalhar e viver. Mas a convivência também existe para maximizar, pois a caça em grupo é mais vantajosa para o animal; a defesa do organismo também é mais garantida se este estiver em grupo; para a reprodução é preciso conviver com pelo menos mais um sujeito da mesma espécie, e, em grupo, há mais chance de espalhar os genes, principalmente para o macho da espécie. Portanto, estar e viver em grupo são principalmente objetivos pessoais.

Eu continuo achando, como a economia clássica apregoa, que nós somos maximizadores e egoístas. Que, quando fazemos algo, é sempre para nos beneficiar direta ou indiretamente. Diretamente quando é declarado, e indiretamente quando parecemos agir em prol de alguém, do grupo a que pertencemos ou ainda da sociedade, mas, no fundo, estamos agindo sempre em função da reprodução para a manutenção dos genes e para a sobrevivência, os dois motivadores básicos da vida animal.

2. Mercado biológico

A interação entre um agente que quer vender algo e outro que almeja adquirir algo pode ser mutuamente benéfica. Um recebe *commodities* e outro recebe o dinheiro em retorno, mas o benefício mútuo somente não é suficiente para explicar a cooperação. Nós tendemos a recusar uma troca ou negócio se percebemos que um acordo melhor pode ser feito em outro lugar e vale a pena o esforço de procura e mudança. O mesmo fenômeno existe no mundo animal em vários exemplos, o que para alguns biólogos demonstra uma convergência entre essas teorias, mas que na minha concepção, não é apenas uma metáfora ou mesmo uma analogia.

A teoria econômica deriva da teoria biológica. Obviamente, os estudos econômicos, desde as concepções de Adam Smith, excedem os limites biológicos, até por causa das diferentes capacidades do ser humano em relação aos animais, fato que nunca neguei, mas as bases continuam as mesmas, e percebemos isso nas novas teorias econômicas, como a economia comportamental, que reconhece a influência da emoção no comportamento de compra e consumo e demonstra por exames cerebrais que não é somente a racionalidade que atua nesse momento particular e nem tem predominância sobre a emoção.

O termo "mercado biológico" foi proposto por Noë & Hammerstein (1994; 1995) e se refere a todas as interações comerciais entre os organismos em que um possa trocar *commodities,* como alimento, abrigo ou serviços, chamadas de aviso, proteção, sexo com outros. Segundo o próprio Ronald Noë, o termo "mercado" foi escolhido para incorporar o conceito por presumirmos que mudanças na oferta e na procura provocam alterações no valor de troca dos produtos e serviços comercializados. O resgate desse conceito é mais uma das minhas tentativas de provar que a economia não é um feito humano, como propõe a economia tradicional, mas natural e herdado dos nossos ancestrais, animais e símios, enraizado nas áreas mais primitivas do nosso cérebro. Assim sendo, é muito pouco racional e regulada pelos circuitos básicos e circuitos emocionais, certamente difícil de entender por observação ou por entrevista, e também complicado de ser apurado somente por análises estatísticas no que se refere a sua qualificação.

Se a cooperação entre duas espécies não pode ser considerada algo social, por não viverem numa mesma sociedade, então a economia gerada a partir dessa relação prova que esse campo dever ter um estudo biológico. Isso se chama mutualismo e acontece interespécies, o que é mais uma prova inegável de que a economia é biológica, pois não pode ser social, já que não é feita na mesma sociedade. O peixe limpador e seu cliente são bons exemplos de mutualismo ou interação mutualística entre membros de espécies distintas, em que diferentes *commodities* são comercializadas. Os limpadores removem parasitas e os clientes transportam comida para o território dos limpadores. O suprimento e a demanda de ambas as *commodities* variam com o passar do tempo. É exatamente o que seria de se esperar a partir da teoria econômica da concorrência monopolista: compradores com poucas fontes de abastecimento alternativo têm menos transações vantajosas do que aqueles que podem fazer compras ao redor. Outro exemplo é o que acontece entre nós e os microrganismos ou bactérias: nós lhes damos moradia em troca de elas prestarem serviços muito úteis para nós, mas nem por isso somos da mesma sociedade. Podemos dizer que temos relações comerciais com as bactérias, é uma relação mercadológica, pois há o princípio básico da troca de um serviço por outro. E se existe marketing nessa relação, ele também é de cunho biológico.

O que quero dizer é que não há transmissão social de uma espécie para outra, porque social refere-se a uma característica de organismos vivos, seres humanos particularmente, e à interação desses organismos com outros da mesma espécie e que têm coexistência. Para a sociologia, uma sociedade é o conjunto de indivíduos que compartilham propósitos, gostos, preocupações e costumes, e que interagem entre si constituindo uma comunidade, e é objeto de estudo das várias ciências sociais. Todos os casos que citei anteriormente não tratam de trocas entre as mesmas espécies, e como consequência não podem ser chamados de fenômenos sociais, mas são fenômenos econômicos, conclui-se que as relações econômicas são da essência do ser vivo, do animal e até do vegetal, e comprovam a existência de um mercado biológico.

O *grooming*, que em zoologia se refere ao hábito de afagar a pele ou os pelos de um membro da comunidade, a fim de fortalecer os vínculos afetivos e manter a unidade do grupo, está presente em diversos mamíferos, mais frequentemente nos grupos de primatas, e é algo comercializado ou objeto de troca. Esses afagos são negociados, assim como o acesso aos bebês. O mercado de bebês entre os babuínos é muito evidente. Na sociedade deles, para pegar os bebês e acariciá-los, é preciso obter a permissão, ganhar ou "pagar" a mãe, fazendo *grooming*. A tolerância também é um produto que pode ser comercializado entre primatas dominantes e os subordinados, assim como a proteção. O sexo é negociado, como falei, trocado por comida e por afago também.

Outro mercado biológico muito evidente e que nos afeta diretamente, inclusive nosso comportamento de compra e uso de produtos e serviços, compete ao esperma e ao óvulo. O princípio básico é que esperma é barato e óvulo, caro, porque o suprimento de esperma supera a demanda e isso gera uma corrida mercadológica para a reprodução e para todos os produtos que possam trazer vantagens reprodutivas (carros, dinheiro, casas) e até diretamente a troca de sexo por dinheiro no caso da prostituição, que é uma prestação de serviço.

O mercado de esperma é saturado, porque o homem pode ter milhares de filhos e a mulher pode ter pouco mais que vinte durante toda a vida. É por isso que elas selecionam parceiros para casar e para reproduzir, que podem muitas vezes não coincidir. Outro fato é que a competição entre espermas é muito acirrada, pois poucos conseguem chegar vivos em seu destino, por isso existem milhões deles.

3. Comportamento de bando e economia de manada (herd behaviour)

Herd behaviour significa comportamento de bando ou manada. Descreve como os indivíduos num grupo podem agir juntos sem uma direção previamente programada. O termo é normalmente aplicado para os mamíferos. Para pássaros, o termo para o mesmo fenômeno é *flock;* para um grupo de carnívoros, é *pack*, que também significam bando, manada, revoada, grupo de animais. Mas, nas discussões teóricas, em ecologia comportamental, quando alguém quer se referir a um grupo que tende a agir em conjunto, utiliza o termo genérico *herd*. Sempre que eu for usá-lo, darei o significado de um grupo que age da mesma maneira em certas situações, tratando, portanto, de um comportamento em que todos os indivíduos movem-se ao mesmo tempo numa mesma direção, física ou mentalmente, e não me referindo pura e simplesmente a um grupo ou um amontoado de pessoas ou animais. O comportamento de bando é muitas vezes inconsciente e não resultado de algo planejado ou coordenado. Assim, tem relação com as atividades processadas no sistema límbico e no cérebro reptiliano, sem atuação ou prevalência do córtex pré-frontal, onde está o planejamento e a escolha consciente do indivíduo. Esse fenômeno me interessa na medida em que é biológico e representa muito para o entendimento do comportamento de escolha e compra de produtos e serviços.

Para Jonah Lehrer, *herd behaviour* é um exemplo da irracionalidade humana e ilustra como o instinto funciona quando somos confrontados com situações de incerteza. Lehrer, em seu site *The Frontal Córtex,* cita um exemplo claro dessa irracionalidade, que é dado por Robert Schiller. Ele diz para imaginarmos dois restaurantes recém-abertos, um ao lado do outro, e um primeiro consumidor faminto que, não sabendo qual é melhor, resolve jogar uma moeda num jogo de cara ou coroa para escolher o restaurante. Um pouco mais tarde, outro consumidor chega. Este, por sua vez, também não sabe qual escolher, mas pressupõe que o restaurante com pelo menos um cliente dentro deva ser o melhor. Quando o terceiro consumidor aparece, vê duas pessoas em um dos restaurantes e ninguém no outro, então ele também vai para o lugar mais popular ou de maior movimento. O ciclo continua e a maioria dos clientes acaba escolhendo o restaurante popular, mesmo que o outro restaurante possa servir uma comida melhor. Isso quer dizer que nós, seres humanos, como animais que somos, encontramos conforto nos números, especialmente quando nos sentimos ansiosos e temos de fazer uma escolha.

Outro exemplo de comportamento de bando, dessa vez vivido por mim, aconteceu em 1993, numa aula de marketing em que levei meus alunos da Universidade de Ribeirão Preto para o centro comercial da cidade, com a intenção de dar uma aula prática de promoção de vendas. Quando parei em frente a uma loja de calçados, reparei que tinha um bocado de papel picado no chão, e várias pessoas dentro da loja. Chamei o gerente, ele nos recebeu e, muito gentilmente, nos explicou que o papel no chão da loja era para dar impressão de bagunça, e que isso funcionava muito bem. Deduzi que ele tinha quatro vendedores, que estavam usando os uniformes da loja, mas ele negou e disse que tinha dez pessoas vendendo. Daí, quase que automaticamente eu o indaguei, perguntando por que somente quatro vendedores estavam uniformizados e os outros seis vestidos comumente. Ele, mais que prontamente, me respondeu:

–Para parecer que são clientes.

Esses vendedores ficavam experimentando os calçados e as bolsas, olhando no espelho, como se fossem consumidores, e isso fazia a loja parecer sempre cheia. E se está cheia sempre é porque tem bons produtos e preços. Esse foi um grande exemplo que vivenciei de estratégia de vendas, que aproveita e incentiva o comportamento de bando. Continuei em frente à loja e percebi que os consumidores realmente entravam porque o comércio tinha "movimento", mais que os outros que se encontravam em frente ou mesmo ao lado.

Outro fenômeno que surge nessa situação é a chamada "informação em cascata", que ocorre quando as pessoas observam as ações de outros indivíduos e fazem a mesma escolha que os outros fizeram. O interessante e curioso é que tão pouca informação leva alguém a agir e tomar uma decisão que vai de alguma maneira afetá-lo. Em vez de pensar por si, as pessoas confiam no julgamento dos outros, que por sua vez também acreditaram no julgamento de mais indivíduos e assim por diante. Esse tipo de conduta está presente em vários comportamentos do ser humano, como votar, escolher produtos, lugares e serviços. Faz parte do processo de escolha e influencia diretamente o comportamento de compra; assim, deve ser levado em conta pelo marketing.

O incrível é que o *herd behaviour* pode nos levar a decisões arbitrárias e muitas vezes errôneas. Isso é irracional e aparentemente nocivo ao indivíduo, pois ele tomou uma atitude que vai prejudicar, de maneira direta ou indireta, seu organismo, mas na verdade ele agiu assim porque é biológico e vantajoso estar em bando para se proteger. É, na verdade, a biologia atuando em função da sobrevivência da espécie, num sentido maior de evolução, a macroevolução, ao invés de atuar em função de somente um indivíduo. Mas é preciso ter consciência de que as chances de sobrevivência individual aumentam no comportamento de bando. E, por outro lado, se um coespecífico está fazendo, outro fará e assim por diante. E se todos fazem é porque deve ser bom. Os animais usam essa estratégia para fugir dos predadores, porque andar em grupo reduz o perigo, e talvez nós façamos o mesmo, só que com predadores diferentes, próprios dos dias atuais, como o estresse. Sérgio Klepacz, no livro *Uma questão de equilíbrio,* página 21, diz que:

> *"O estresse é uma reação biológica presente em todos os animais, desenvolvida ao longo de milênios, para salvar vidas. Se no passado você sofresse a ameaça de um predador, instantaneamente seu organismo liberaria uma série de produtos – hormônios e neurotransmissores – a fim de colocar seu corpo em marcha, obedecendo ao instinto da sobrevivência. No século XXI, os predadores adquiriram outras formas e nos ameaçaram a cada instante, seja por meio da violência urbana, de problemas financeiros, divórcio, doenças ou mortes na família, seja por intermédio de nossas ideias. Diferentes de nossos ancestrais, não precisamos lutar fisicamente contra o inimigo; contudo, diante de constantes ameaças cotidianas, nosso corpo recebe a mesma preparação para a luta ou para a fuga".*
>
> *(Sérgio Klepacz, 2006. p. 21)*

A mentalidade de rebanho ou *herd mentality*, que descreve como as pessoas são influenciadas pelos seus pares a adotar determinados comportamentos, acompanhar as tendências, são estudados pelo marketing, quando se trata de grandes movimentos de consumo e as influências da sociedade e da cultura sobre o indivíduo, mas o aspecto que quero focar aqui é o lado irracional do sujeito. Não procuro o viés social, mas o fenômeno biológico, individual, que o leva a tal tipo de atitude. Como venho colocando, os estudos de marketing já estão carregados, no bom sentido, de informações sociológicas, antropológicas e psicológicas. Faz-se necessário voltarmos para as informações intrínsecas ou vindas da fisiologia, da química orgânica, e por isso me aproximo da biologia.

Existe uma pesquisa que prova que o ser humano, quando está com medo, age em grupo. Todos os dias as pessoas são confrontadas com inúmeras peças de informação e centenas de decisões a tomar, dentre elas as econômicas, para as quais elas se baseiam em rápidos atalhos mentais que orientam seus comportamentos. Por exemplo, pessoas sempre usam conformidade com base em atalho mental de seguir a multidão. Uma pesquisa feita por Vladas Griskevicius, professor de marketing na University of Minnesota's Carlson School of Management, sugere que a efetividade ou a eficácia das táticas comuns de persuasão podem ser drasticamente afetadas por duas emoções primárias: o medo e o desejo romântico.

Num artigo intutulado: *Fear and Loving in Las Vegas: Evolution, Emotion, and Persuasion*, Griskevicius e os coautores da pesquisa descobriram que as emoções que estamos constantemente sentindo têm um efeito forte em como decidimos aceitar ou ir contra tal ideia.

> *"A sensação de medo leva as pessoas a agir com a multidão, ativando a psicologia chamada 'segurança em número'. O sentimento de luxúria, entretanto, motiva as pessoas a seguir sós, ativando o desejo de ser único. Estar sentindo-se com medo ou amoroso pode mudar muito a maneira que as pessoas tomam decisões".*
>
> *(Vladas Griskevicius, 2009. p. 390)*

O medo nos faz andar em bando, em função da sobrevivência, e a luxúria nos leva a agir de maneira solitária por causa da competição reprodutiva.

Para testar a ideia, os pesquisadores mostraram às pessoas um clipe de um filme romântico e de um filme assustador. Depois disso, as pessoas assistiram aos comerciais de Las Vegas que continham apelos persuasivos com raízes na conformidade ("mais de um milhão vendidos") ou enraizados na singularidade ("fique fora da multidão"). Depois de assistir ao filme de medo, as pessoas estavam especialmente persuadidas pelos apelos baseados na conformidade que apresentavam a viagem como uma opção popular. Em contraste, depois de as pessoas terem assistido ao clipe romântico, estavam não somente menos persuadidas pelo mesmo apelo baseado em conformidade, como tais apelos foram contrapersuasivos. As mentes dos indivíduos especialmente românticos não queriam visitar Las Vegas se eles soubessem que muitos outros também estavam indo. Ao contrário, pessoas num estado de romantismo eram muito mais persuadidas por apelos que apresentavam uma viagem como única, não comum, nada usual, ou uma escolha exótica que outros certamente não fariam.

O fato de as emoções influenciarem dramaticamente a tendência de as pessoas irem com ou contra o grupo não deve ser desconsiderado ou ignorado pelos profissionais de marketing. Propagandas quase sempre usam apelos persuasivos alusivos a produtos ou ideias como sendo particularmente populares ou muito vendáveis. A tendência bem estabelecida para os conformistas faz desses apelos algo muito efetivo. Mas os anunciantes raramente consideram se os telespectadores, quando veem esses comerciais na televisão, foram anteriormente tomados por uma montanha russa emocional, em virtude do programa a que estão assistindo. Na verdade, Griskevicius e seus colegas descobriram que diferentes tipos de apelo de persuasão comumente usados têm efetividade diferente, dependendo da emoção que o espectador está sentindo.

"Os efeitos desse estudo se estendem para as atividades do dia a dia, como ver o noticiário da noite", diz Griskevicius. Muitas das notícias estão cheias de materiais que invocam o medo. Propaganda durante esses noticiários devem focar no coletivo, com mensagens do tipo: "Todo mundo está fazendo isso. Faça você também.", ao invés de mensagens individuais ou únicas, que poderiam funcionar melhor durante um tema romântico, como um filme de paixão. Isso indica que precisamos tomar cuidado não só com o tamanho da audiência ou a qualificação dela, mas ao escolher programas de TV, noticiário de rádio, notícias de jornais e revistas, e fundamentalmente, nos cinemas dos shoppings, propagandas que possam gerar medo ou apreensão, provocando comportamentos de bando, ou as que são românticas, e vão incitar a individualidade e o "agir solitário".

4. A economia experimental e o comportamento humano

O estudo da economia vinculado ao comportamento humano originou-se a partir do momento em que surgiram questionamentos vindos da própria classe de estudiosos de economia com as explicações oferecidas até então para os comportamentos econômicos observados na prática. Esses questionadores buscaram possíveis respostas em áreas como a psicologia, a biologia e também em neurociências, que em princípio são diversas disciplinas ou áreas não ligadas às ciências econômicas. Mas aí é que, a meu ver, se encontrava o *gap*, pois se queremos entender o comportamento de um indivíduo, precisamos entender biologia, psicologia, neurologia, genética e endocrinologia, assim como todos os processos corporais envolvidos na manutenção do organismo, porque é em função deles que, sem ter consciência, o sujeito age. É por isso que acredito na maximização, na individualidade ou egoísmo inconsciente, quando tratamos de comportamento humano econômico.

Os estudiosos desse novo pensamento, com viés cognitivo do comportamento econômico, interessam-se pelo modo como as pessoas efetivamente agem, no sentido de buscar não só entender o observável, mas indo mais fundo e mais especificamente na mente do consumidor. Alegam que essa visão do comportamento humano, isto é, do sujeito do consumo, é essencial para os microfundamentos das ciências econômicas, o que concordo plenamente. Se tal comportamento envolve: 1) o aprendizado da existência de um bem ou serviço; 2) a memória que o sujeito tem do bem ou da sua marca; 3) a escolha entre milhares de produtos no ponto de venda ou mesmo do próprio ponto de venda; 4) a tomada de decisão e 5) a ação motora para pegar o produto, não há como passar ao largo por aquelas disciplinas e, mais especificamente, pelas ligadas ao sistema nervoso e por toda a operação corporal para a consecução do processo de compra do início ao fim. É preciso desafiar as premissas do paradigma neoclássico, questionar, pois a ciência é viva e não pode parar.

Preciso deixar claro que psicologia econômica é a mesma coisa que economia comportamental, apenas denominações diferentes para o mesmo estudo. Mas além dessa nova ciência, surgiram também, a partir da década de 1980, as finanças comportamentais em que seus pesquisadores buscaram a ampliação da perspectiva econômica ortodoxa ou tradicional, por meio da adição de dados sobre o comportamento efetivo dos agentes econômicos. Pressupõe-se que a ação ou o comportamento desses indivíduos influenciam mercados e suas variações, como veremos mais à frente neste livro, a influência dos hormônios no comportamento de investimento de um operador da bolsa de valores.

Trabalhar com essas áreas, refletir sobre os princípios da economia ortodoxa não significa negá-la, mas questionar a partir de algumas anomalias encontradas no comportamento de compra dos sujeitos ou mesmo dos agentes econômicos. Não devemos simplesmente apagar as contribuições dadas até hoje, mas fazer novas leituras com lentes diferentes, ou para melhorar a metáfora, com microscópios, para entender esses comportamentos particulares ou microeconômicos, e verdadeiramente, discutir o pressuposto de que somos totalmente racionais quando se trata de comportamento econômico, principalmente dos agentes econômicos.

No comportamento de consumo já faz um tempo que admitimos o peso do estado emocional, mas quando se tratava de agentes econômicos, não aceitavamos, até então, que havia processos biológicos intervenientes, mas apenas a influência da informação do mercado e da tomada de atitude consciente do sujeito econômico. No fundo, é uma tentativa de explicar o motivo ou o porquê de as pessoas tomarem decisões sabidamente irracionais ou sem uma lógica econômica no momento em que investem, poupam, gastam e até emprestam dinheiro, e como tomam tais decisões.

Essas novas visões do comportamento humano, mais especificamente do consumo, fundamentam-se na chamada economia experimental que vem buscando participação entre novas teorias e pensadores. Estes, por sua vez, se opõem à economia ortodoxa ou tradicional e preconizam o uso de experimentos ou pesquisas em laboratório para as questões de comportamento econômico, o que não é um procedimento corriqueiro dos estudos na área, que estranhamente analisam o comportamento considerando somente as proposições já consagradas e estabelecidas sobre a Natureza humana, sem buscar entender as bases que o levam a ser de determinado modo. Trata-se de uma análise do comportamento do ser humano, o econômico, mas sem dados empíricos, apenas modelos matemáticos e estatísticos, diferente das economias experimentais. Mas essa nova visão da economia leva em conta os aspectos inconscientes, instintivos, relacionados às neurociências e não somente aqueles relacionados à razão e à consciência.

A neuroeconomia, as finanças comportamentais e a economia comportamental são ciências experimentais porque visam descobrir nossos processos cerebrais subjacentes, anteriores ao comportamento de consumo ou de compra, e para isso usam de equipamentos de neuroimagem e sofisticadas técnicas de exame do funcionamento cerebral, como a ressonância magnética funcional, a tomografia com emissão de pósitrons e também o eletroencefalograma, para buscar respostas que podem estar encobertas, ou mesmo motivações e processos anteriores à tomada de decisão referente ao comportamento de consumo. Essas novas áreas são diretamente ligadas às neurociências e também à endocrinologia e fazem parte do movimento em busca de mais respostas sobre comportamento humano econômico. Os métodos da economia experimental incluem, nesse caso específico, as imagens de atividade neural.

A antropologia econômica, também conhecida como economia antropológica, é uma das áreas que vêm surgindo para discutir comportamento econômico dos seres humanos. Ela se encarrega de estudar a economia das sociedades primitivas, suas formas de produção, distribuição e consumo de bens e serviços dos nossos ancestrais. Costumo ir mais adiante na história evolutiva, especificamente até a primatologia, para entender o comportamento de compra animal. A antropologia econômica não chega nesse ponto; vai até o homem primitivo e sua economia. Seu método é a etnografia ou observação de tribos e suas economias. Essa área é voltada para a cultura econômica de grupos, mas pode nos trazer informações valiosas no intuito de provar que a economia tem fundamentos biológicos, principalmente quando juntamos o comportamento de tribos primitivas não conhecedoras da ciência econômica e dos animais, os primatas. São, na verdade, perspectivas que fazem a ponte entre o comportamento primitivo e o atual, trazendo evidências de que a economia é biológica, instintiva, egoísta, maximizadora e, muitas vezes, irracional.

No começo da década de 2000, um manifesto criado por estudantes franceses, via *Internet*, fazia críticas quanto ao ensino de economia. Alegava falta de realismo, estar deixando de lado, naquele país, os aspectos históricos do pensamento econômico, e também o uso desproporcional ou exagerado de matemática, sem pensamento reflexivo, distanciando-se da realidade e se tornando uma ciência autista. Surgiu assim o que ficou denominado como economia pós-autista. Essa denominação, para mim, caiu como uma luva, pois o autismo é viver fora da realidade, e não considerar a biologia no comportamento econômico do ser humano é justamente ser autista.

Quer dizer, a análise do comportamento de consumo também pode ser considerada, nos dias de hoje, sem a contribuição da biologia; antropocêntrica, porque acredita que só o homem tem essa capacidade; e autista, porque não leva em consideração a Natureza humana.

Veja bem, o manifesto dos estudantes franceses não tem relação direta com a economia experimental, é apenas um chamado para a interdisciplinaridade nos estudos da economia, mas faço dele a minha bandeira para reclamar por uma ciência econômica mais atenta para a real condição dos seus agentes, o ser humano, principalmente quando se trata de consumidores e agentes econômicos. São indivíduos biológicos e essa condição tem de ser levada em conta quando se faz análise do comportamento. Segundo Antonio da Costa, os estudantes:

> *"Clamaram aos quatro ventos que o rei está nu: denunciaram a economia ensinada nas faculdades como uma ciência autista e socialmente irresponsável, que faz da matemática um fim em si mesmo. Exigem um maior engajamento com a realidade e uma maior pluralidade de enfoques que dê conta da complexidade e da incerteza da maioria das grandes questões econômicas. Querem estudar as políticas econômicas e sociais reais, a história da ciência econômica e de suas relações com outras disciplinas e métodos para avaliar a qualidade da informação contida nos dados econômicos, restringindo a obsessão com ferramentas teóricas e com a teoria das transações do mercado na medida em que forem efetivamente relevantes para os problemas concretos".*

Se pretendemos estudar as situações reais, precisamos não mais fechar os olhos para a biologia e outras ciências, pois sabemos que o ser humano não é totalmente racional, muitas vezes é bem irracional e sem consciência de muitos dos seus atos. Ainda apoiando o manifesto, concordo que é preciso ter em mente novos métodos que surgem mediante a interdisciplinaridade, e, em mãos, novas técnicas para pesquisas empíricas mais apuradas. E não ficar somente com os tais axiomas da economia ortodoxa. A sociedade evolui, se modifica, assim como o ser humano, portanto os métodos, as análises devem também evoluir sistematicamente, pois vão ficando inadequadas para explicar o comportamento humano.

O movimento em prol da inclusão do viés psicológico na economia teve um impulso muito grande a partir de 2002, quando Daniel Kahneman, professor de psicologia em Princeton, Estados Unidos, ganhou o prêmio Nobel de economia por ter integrado *insights* psicológicos à investigação em ciência econômica, especialmente no que diz o julgamento humano e de tomada de decisão sob incerteza. Vernon L. Smith, parceiro de pesquisa de Kahneman, também foi laureado com esse mesmo prêmio por ter criado experiências laboratoriais, como uma ferramenta de análise empírica econômica, segundo o próprio *site* do prêmio. [1]Foi o início do reconhecimento de que o comportamento humano econômico não pode ser tratado apenas com números e

[1] *Disponível em: <http://nobelprize.org/nobel_prizes/economics/laureates/2002>. Acesso em: 18 jun. 2009.*

estatísticas, mas tem, em sua fundação, elementos diretamente ligados à mente e seus processamentos. Não chega até a biologia como venho pleiteando, mas está no caminho ou na direção. Os passos para chegar até os aspectos biológicos são menores agora do que eram 20 anos atrás. Muitos movimentos estão conclamando e pedindo um novo olhar para essa área. Mas, segundo o próprio Kahneman, o precursor da economia comportamental foi Richard Thaler, da Universidade de Chicago, figura importante e fundamental no campo da economia comportamental. Thaler é um economista que incentivou os premiados para a pesquisa na nova área.

Modelos que propõem uma nova visão das ciências econômicas, principalmente no que diz respeito ao comportamento de seus agentes e consumidores, defendem a necessidade e a urgência de se incluir definitivamente a variável *emoção* na investigação sobre comportamentos econômicos. Isso porque se percebe que o ser humano não é tão racional quanto se pensava. E integrando-se a variável *emoção* aos estudos, necessariamente deve-se interagir e, mais do que isso, se apoiar em neurociências.

Segundo Dan Ariely, no livro *Previsivelmente irracional* e em todas as suas palestras na Internet, mais especificamente no TED e no Fora TV, a racionalidade nos mostra que não somos como imaginam os economistas ortodoxos. A capacidade de raciocínio perfeito inerente ao homem, a tal racionalidade, como prega a economia tradicional, traz em seu bojo a ideia de que somos capazes de tomar as decisões certas conscientemente. Calculamos o valor de todas as opções que encontramos e agimos da maneira mais acertada possível. A racionalidade aqui tem relação direta com a consciência, porque, de acordo com os preceitos ortodoxos, se as pessoas são racionais, são livres para exercitar suas escolhas; se são racionais e livres, devem ser responsáveis por seus atos. Para Ariely, nós não somos racionais, ao contrário, agimos irracionalmente, mesmo em se tratando de comportamento econômico, e essa irracionalidade é previsível, o que se deve à universalidade de alguns comportamentos inatos.

Ainda segundo o mesmo autor, nossa irracionalidade é previsível porque acontece da mesma maneira várias vezes, e os comportamentos irracionais que temos não são aleatórios e nem desprovidos de sentido. E aqui eu entro com a visão biocêntrica para corroborar a opinião de Dan Ariely e demonstrar que o que é irracional tem ligação com o instinto, com o inconsciente e, no fundo, tem um motivo corporal. É dito irracional porque não temos consciência dos motivos; é previsível porque está sempre ligado à manutenção do corpo, à enorme vontade de sobreviver e de propagar seus genes e, por isso, não é aleatório, nem sem sentido, e se repete. É estranho a nós porque não temos consciência, mas é perfeitamente explicado pela biologia, pela Natureza humana e animal também. É a economia da vida. Se pudermos entender os aspectos biológicos do comportamento econômico, não nos será tão estranho assim e nem sem explicação, como muitas vezes acontece na economia tradicional.

Portanto, a minha visão é a seguinte:

1) somos economicamente irracionais porque temos uma influência muito grande das emoções em várias de nossas decisões econômicas corriqueiras, como o consumo, possivelmente nem imaginadas por nós mesmos;

2) essa irracionalidade é previsível, porque é ligada aos motivos do corpo, da sobrevivência e da propagação dos genes, atrelada ao metabolismo, aos níveis de hormônios e outros processos físico-químicos corporais;

3) em concordância com a economia ortodoxa, a irracionalidade é maximizadora sim, porque busca garantir a vida do sujeito e depois disso de sua prole, que são outros indivíduos, mas que carregam seus genes;

4) se houver algum altruísmo econômico e não houver parentesco envolvido, há interesse do indivíduo na reciprocidade, o que é novamente uma atitude hedonista, pensamento em si e nos seus. É o prazer individual e imediato que comanda nossos atos econômicos. Tanto é que as experiências na área econômica feitas em laboratório mostram o imediatismo dos sujeitos, a preferência por uma recompensa imediata menor é melhor do que uma recompensa maior e posterior, citam com frequência o problema da não poupança dos sujeitos em todos os países.

> *"Quando um homem se encontra sozinho ao votar por uma decisão que diz respeito a todo mundo, ele em geral o faz em seu interesse próprio, e então monopoliza diretamente todos os recursos reprodutivos e os meios materiais indiretos para obtê-los."*
>
> *(Michel Raymond, 2009. p. 90)*

BIBLIOGRAFIA

BARON-COHEN, Simon. Diferença essencial: a verdade sobre o cérebro de homens e mulheres. Rio de Janeiro: Objetiva, 2004.

BBCBrasil. 2009.Estudo relaciona tamanho de dedo a sucesso financeiro. Disponível em: http://www.bbc.co.uk/portuguese/reporterbbc/story/2009/01/090113_dedosfinancasfn.shtml. Acesso em 20/09/2009.

BECKER, Gary S. The Economic Approach to Human Behavior. Disponível em: http://www.economyprofessor.com/economictheories/bioeconomics.php. Acessao em : 2302'2007.

BONALUME NETO, Ricardo.Estudo sugere forma de controlar aversão à perda. Folha de São Paulo, 2009. Disponível em: http://www1.folha.uol.com.br/folha/ciencia/ult306u542349.shtml. Acesso em: 07/07/2009

BRANCO, Samuel Murgel. O castor e a motoserra: reflexões sobre a natureza animal e a natureza humana. Campinas, SP: Millennium, 2003.

BRANNON, E. M., & TERRACE, H. S. 2000. Representation of the numerosities 1-9 by Rhesus Monkeys (Macaca mulatta). Disponível em:
http://www.duke.edu/web/mind/level2/faculty/liz/Publications/Brannon%20and%20Terrace%20(2000).pdf. Acesso em: 25/04/2009

BROSNAN, S. F., e DE WALL, Frans. B. M. 2006. A cross-species perspective on the selfishness axiom: Open peer commentary on Henrich et al. Dispoível em: http://www.emory.edu/LIVING_LINKS/articles.html#BE. Acesso em: 23/11/2009

CANTLON, J.F.; BRANNON, E.M. 2007. Basic math in monkeys and college students. Disponível em: http://www.duke.edu/web/mind/level2/faculty/liz/Publications/Cantlon%20and%20Brannon%20(2007c).pdf. Acesso em: 21/05/2009

____________________. 2007. How much does number matter to a monkey (Macaca mulatta)? Disponível em: http://www.duke.edu/web/mind/level2/faculty/liz/Publications/Cantlon%20and%20Brannon%20(2007b).pdf. Acesso em: 25/04/2009

____________________2006. Shared system for ordering small and large numbers in monkeys and humans. Disponível em: http://www.duke.edu/web/mind/level2/faculty/liz/Publications/Cantlon%20and%20Brannon%20(2006).pdf. Acesso em: 25/04/2009

CALLAWAY, Ewen. Possible site of free will found in brain. Maio de 2009. Disponível em: http://www.newscientist.com/article/dn17092-possible-site-of-free-will-found-in-brain.html Acesso em: 20/05/2009.

CALLAWAY, Ewen. Animals that count: How numeracy evolved. 2009. Disponível em http://www.newscientist.com/article/mg20227131.600-animals-that-count-how-numeracy-evolved.html?page=3. Acesso em: 23/06/2009

COBRA, Rubem Queiroz.21/04/ 2003 - A ilusão das fórmulas comportamentais. Disponível em: http://www.cobra.pages.nom.br/ecp-formulas.html. Acesso em: 13/02/2009

DAWNAY, Emma; Hetan Shah. Extending the "rational man" model of human behaviour: seven key principles commissioned by The Environment Agency. Disponível em: www.neweconomics.org. Acessado em: 21/09/2007.

DAWKINS, Richard. O Maior Espetáculo da Terra: as evidências da evolução - São Paulo: Companhia das Letras, 2009.

_________, Richard. O Gene egoísta - São Paulo: Companhia das Letras, 2007.

_________, Richard. A grande história da evolução - São Paulo: Companhia das Letras, 2009.

DE WALL, Frans. Eu, primata: porque somos como somos – São Paulo: Companhia das letras 2007.

3 O corpo e o comportamento de consumo

1. A vida interna e o comportamento do consumidor

Você é seu corpo. Ele contém e sustenta você. Ele o limita e controla, lhe traz prazer e também repulsa. Todos nós temos consciência da parte visível do nosso corpo, no entanto não conhecemos muito bem os processos que acontecem dentro dele. E são muitos processos, todos influenciando nosso comportamento, nossa maneira de agir e, antes disso, nossa maneira de pensar. Santo Agostinho dizia que viajamos para admirar lugares, eventos da Natureza ambiental e até o movimento das estrelas, no entanto não paramos para nos admirar. Não nos preocupamos com o que está dentro de nós, que é do que somos constituídos. Aliás, só buscamos entender as razões internas quando algum problema aparece, antes disso nem percebemos a existência desses processos orgânicos.

Eu percebo o mesmo movimento em se tratando de análises de marketing. Nós buscamos tanto entender o comportamento humano pelo que nos é aparente, que nos esquecemos de buscar internamente os motivos que geraram tais comportamentos. Os gatilhos são internos, o que percebemos é uma consequência do que foi iniciado bem antes. E se quisermos antecipar o comportamento de consumo, deveremos ir profundamente, até onde estão esses gatilhos, que são muitos, mas se manifestam no sistema nervoso, pois é lá que tudo se processa. O sistema nervoso é o centro de processamento dos gatilhos que vão gerar comportamentos. Portanto, é vital fazermos uma viagem para dentro do corpo com a intenção de reconhecer e identificar os motivos e os porquês do comportamento de escolha, de compra e de consumo, que é o que nos interessa.

Para Lian Tai o corpo é a alma à flor da pele. Ele sabe até aquilo que não queremos saber. Aliás, ele sabe, sobretudo, o que fazemos questão de não saber. De nossos gostos, sentimentos, emoções. Nosso corpo traz a memória de tudo aquilo que nos formou. Com a razão nós tentamos ludibriá-lo, negociando nossas emoções.

Pesamos as escolhas com mil argumentos lógicos. O corpo não aceita.

Não dá mais para abrir mão das ciências biológicas em toda a sua extensão para uma boa análise do comportamento. Essa atitude fazia sentido até pouco tempo, quando ainda não conhecíamos nosso corpo e, principalmente, nosso cérebro. Veja bem, a própria ciência biológica não tem mais que 200 anos, uma vida curta, ainda muitas descobertas para serem feitas e conceitos paradigmáticos para serem destruídos ou reformulados. A vida interna deve entrar como matéria básica para todos os profissionais de todas as áreas relacionadas à economia, ao marketing e à administração em geral, em toda sua extensão e subciências, que querem e precisam entender o comportamento econômico das pessoas e dos consumidores, especificamente. As reações internas, que os indivíduos sequer notam, fazem toda a diferença no "agir" do sujeito. Se escolhemos algo ou tomamos alguma decisão econômica e de consumo, essa é processada internamente e, muitas vezes, impossível de ser externalizada verbalmente. Por mais que o sujeito queira colaborar, não entende o que acontece para que ele aja de determinada maneira. Até porque, como disse no parágrafo anterior, nós não nos preocupamos com o processamento interno; ele é automático e não consciente.

Veja só, a temperatura tem um efeito significativo na sobrevivência de todas as espécies animais, isso nos inclui. Mesmo com grandes variações de clima, ela é regulada pelo cérebro, por mecanismos homeostáticos que conservam o calor. As variações da temperatura do nosso corpo influenciam de maneira definitiva o desempenho cognitivo, que envolve a percepção, a atenção, o pensamento, a memória, a linguagem e todos os processos mentais. Não é difícil imaginar o quanto a temperatura corporal pode afetar o comportamento de compra de um ser humano, pois é o cérebro que controla a temperatura interna.

Estudos mostram que a função dos neurônios, unidade fundamental do sistema nervoso, é afetada pela temperatura do cérebro. Por exemplo, quando a temperatura daquele órgão está mais alta, pode influenciar a velocidade de impulsos ou comunicação entre os neurônios, isto é, aumentar a rapidez dos impulsos entre eles. Segundo pesquisas feitas por Kenneth P. Wright, Joseph T. Hull e Charles A. Czeisler, uma delas publicada em 15 de agosto de 2002, no *American Journal of Physiology - Regulatory, Integrative and Comparative Physiology*, mostra que a temperatura corporal influencia o desempenho humano, o qual é melhor quando ela está elevada, perto do seu pico circadiano, e pior quando a temperatura é baixa, perto do circadiano mínimo. Quatorze pessoas participaram desse estudo que mostrou a melhora do desempenho neurocomportamental, inclusive da memória, quando a temperatura estava mais alta. Esses resultados obtidos pelos cientistas demonstram que um aumento da temperatura corporal tem correlação com o desempenho e também com a prontidão, portanto, com o comportamento do sujeito. A temperatura corporal modula as funções neurocomportamentais em seres humanos.

Se a temperatura corporal tem relação com o desempenho da memória, com o estado de alerta do indivíduo e até com sua atenção visual, é de se presumir que a mesma faz toda a diferença no ponto de venda, quando o indivíduo vai procurar, escolher e pegar um produto qualquer. Todo esse processo, que é estudado pelo merchandising, deve levar em conta tal fator tão incisivo, tão determinante nas ações do consumidor, sob pena de deixar de ganhar conhecimento sobre o comportamento de consumo. Portanto, fica clara a função dos estudos biológicos e de sua aplicação no marketing.

E vamos um pouco mais longe. Para Hasher, da Universidade de Toronto, duas funções cognitivas podem ser bem suscetíveis às variações circadianas. Uma delas é a tomada de decisão, a outra é a inibição ou capacidade de suprimir as distrações ambientais. Os adultos jovens são mais perturbados pela distração no período da manhã, já com os adultos mais velhos acontece exatamente o contrário. O ritmo ou ciclo circadiano que regula os ritmos físicos e cognitivos do corpo humano tem influência sobre vários processos intracorporais, como a digestão, o estado de vigília, a renovação das células e também a subida ou descida da temperatura corporal, sendo fundamental para a homeostase. E daí vem mais uma conclusão: se a tomada de decisão e a inibição das distrações acontecem em função do ritmo circadiano, é preciso que todos os profissionais de marketing e áreas afins fiquem atentos às descobertas científicas das áreas biológicas, porque os jovens, que são mais afetados pela distração no período da manhã, devem ser convidados para ir ao ponto de venda no período da tarde, principalmente se tiverem de fazer escolhas e tomarem decisões sem que a distração os acometa naquele momento. Talvez não seja aconselhável vender aos jovens, pela manhã, um produto de especialidade ou de compra comparada, mas sim para os adultos mais velhos que estarão livres das distrações ambientais.

Motivação é o princípio do comportamento, uma força interna que dá início a todas as ações humanas. Muitas vezes são processos automáticos que nem sequer percebemos, mas que fazem toda diferença no nosso modo de agir. Por exemplo, um indivíduo não come quando tem alimento, mas quando o corpo determina que ele coma por um desequilíbrio químico qualquer, tendo fome ou não. Depois de alcançar o objetivo e ingerir o alimento, o organismo se sente reequilibrado, fazendo desaparecer a tensão inicial. Sabe-se que a motivação está ligada a dois pontos básicos e vitais que são a sobrevivência e a reprodução para manutenção dos genes nas próximas gerações. Instinto e processos automáticos.

Todo comportamento é motivado, independentemente de termos ou não consciência de tal motivação. E existe uma classificação da motivação que a divide em duas: inata ou primária, que são as motivações fisiológicas, individuais e particulares, que muitas vezes nem o sujeito entende o porquê, e as ditas motivações adquiridas ou chamadas de secundárias, que são psicológicas, sociais, externas. Mas, primeiro, não pode haver uma motivação psicológica separada do corpo, como propõe a classificação, porque o psicológico é gerado pelo corpo e já superamos essa dicotomia corpo/mente faz muito tempo. Depois, mesmo que a provocação ou excitação venha de fora do corpo, do ambiente externo, a motivação é sempre interna, pois é o corpo que tem "motivos" para agir, e não a ação externa. É a responsividade do corpo, o ato de dar resposta às mudanças ambientais para que haja adaptabilidade. Portanto, se quisermos entender as motivações, devemos olhar somente para dentro do corpo e ele nos dará as respostas.

A motivação, segundo alguns autores, é um processo que desencadeia uma atividade consciente, consequentemente pode funcionar como causa e justificativa da ação praticada pelos sujeitos. A atividade explícita pode ser consciente, mas os motivos que a geraram, nem sempre. Diz-se também que a motivação varia de indivíduo para indivíduo, mas não acredito, porque ela está sempre voltada para o mesmo sentido, que é a manutenção da vida e a propagação dos genes. O que varia é a provocação e sua intensidade, isto é, algumas situações externas podem provocar reações diferentes em sujeitos diversos ou a mesma reação, mas não na mesma intensidade, pois a cultura, o aprendizado e a sociedade que cercam o indivíduo exercem influências bem diferentes, mas a motivação corporal é sempre a mesma: defender o corpo e espalhar genes para as futuras gerações. São as motivações universais, iguais para todos. Afinal de contas, o motivo é o que nos leva a agir.

A motivação, segundo as teorias tradicionais, podem ser sociais, ou seja, dissociadas do fisiológico. Nesse sentido, no processo de socialização adquirimos motivação de afiliação, que é ser aceito num grupo, fazer atividades com ele, conviver em sociedade; necessidade de realização, que é o desejo de ser bem sucedido; e o poder ou prestígio, que significa alcançar posições sociais que permitam influenciar outras pessoas. E o que é a afiliação senão uma tentativa de sobrevivência, a permanência num grupo como estratégia para se proteger e também criar relações para poder se reproduzir? Necessidade de realização, no fundo, também tem como base a reprodução, pois pessoas querem ser bem sucedidas, ter carros caros e por aí em diante, para poder mostrar que são capazes de sustentar uma prole e, portanto, de se reproduzir. Poder e prestígio têm as mesmas bases, o mesmo pano de fundo das outras motivações. Com isso, podemos concluir que as motivações têm sempre os mesmos fundamentos, e que aquelas motivações ditas sociais, não passam de motivações biológicas básicas. O ambiente se modifica e o corpo, para se adaptar, cria novos estratagemas para velhas motivações ancestrais.

A motivação se modifica a cada momento durante a vida toda, até porque o corpo também se modifica com a passagem do tempo e o avanço da idade. Ela direciona os objetivos de um indivíduo. Dessa forma, fica óbvio que a motivação é algo interior, que tem início nas excitações internas e externas, mas acontece, do início ao fim, dentro de cada pessoa de forma particular, e com isso não se pode dizer que alguma coisa, situação ou alguém motiva ou desmotiva um indivíduo. Não é externa, mas individual e orgânica, muitas vezes visceral, que se dá de maneira inconsciente, longe da ciência do sujeito. Logo, a motivação é uma força propulsora interna, da alçada e sabedoria do organismo de cada indivíduo. O sistema instintivo humano existe para aumentar a habilidade do indivíduo em se adaptar ao ambiente circundante, composto de elementos bióticos e abióticos, fazendo as pessoas adotarem certos comportamentos condizentes com o desafio que se apresenta na adaptação.

A questão pode ser colocada da seguinte maneira: quando há um desequilíbrio no organismo surge a motivação para que seja satisfeita a carência interior e seja estabelecida a homeostase, que é, como mencionei anteriormente, a propriedade dos sistemas abertos, como o nosso corpo, de regular o ambiente interno para tentar manter um equilíbrio dinâmico. A sobrevivência e, portanto, a adaptação dos seres vivos ao ambiente precisa de um meio interno homeostático. E o comportamento do consumidor não foge à regra, é também a busca de bens e serviços que tragam direta (alimento) ou indiretamente (bem que traz prazer e aumenta o nível de dopamina) o equilíbrio dinâmico do corpo.

2. Órgãos e comportamento de consumo

O coração, que sempre teve a fama de representar as emoções, foi por um tempo relegado à condição de um simples músculo importante para o corpo e a manutenção da vida, mas apenas músculo. Antes disso, ele era visto como o órgão que pensava. Há mais de cinco mil anos os egípcios descreveram sinais de doenças neurológicas considerando o coração como o local da alma e da memória. Aristóteles acreditava que o coração era a sede do intelecto, e o cérebro, por sua vez, era como um radiador que esfriava o sangue. Extremamente natural esse pensamento, porque quando sentimos algum tipo de emoção, a reação corporal mais "aparente", mais percebida, é a aceleração do ritmo cardiovascular. Esse órgão permaneceu como sede da consciência até 379 a.C., época de Hipócrates, considerado o pai da medicina ocidental.

Um estudo realizado por Marcus Gray, do University College de Londres, publicado na última edição da *Revista da Academia Nacional de Ciências dos Estados Unidos*, a PNAS, notou que existe uma relação íntima entre o desempenho cardíaco e a atividade cerebral, o que sugere que algumas regiões do cérebro ouvem atentamente a atuação do coração. A surpresa dos cientistas foi terem encontrada a atividade cerebral aumentada em regiões do córtex cerebral, a área externa do cérebro, responsável pelo planejamento e pela produção da consciência. As duas regiões mais ativas foram a temporal esquerda e a lateral pré-frontal. Essa pesquisa sugere, segundo o próprio autor, que regiões evolutivamente mais novas também acompanham as batidas do coração, o que se pensava que fosse somente função das áreas mais antigas, como o sistema límbico e o cérebro reptiliano. Sabíamos que a atividade cardíaca responde a muitas emoções e à sensação, mas não que estava ligada à consciência.

O cérebro, por ser parte do sistema nervoso e o órgão que controla nossas ações, está diretamente ligado ao comportamento humano e também ao comportamento de compra e consumo. Várias são as pesquisas que demonstram a ação cerebral, muitas vezes inconsciente, sobre as atitudes do indivíduo. O que se tem descoberto nos dias de hoje é que, além da total ligação entre esse órgão com as atitudes dos seres humanos, até porque é ele quem as produz, muitas vezes o cérebro age ou manda agir sem nosso conhecimento e até sem nosso consentimento, ou seja, sem que tenhamos consciência dessa tal ordem. E mais: esse órgão que é chamado de "a caixa preta" do corpo vem sendo estudado intensamente nos últimos 15 anos, o que foi propiciado pela evolução das tecnologias de diagnóstico por imagem não invasivas.

Com todo esse avanço, tem-se descoberto que muitas reações humanas, que em princípio tinham com base o cultural e o social, são na verdade reações provocadas e processadas no cérebro. A compaixão e a admiração, que até então eram vistos como artefatos da cultura, com os novos estudos não invasivos de diagnóstico por imagem, que fazem uma varredura no cérebro, estão sendo mostradas como "sentimentos" enraizados dentro desse órgão em que os traços básicos, como o medo e a raiva, também são encontrados. E tem mais: a área específica no cérebro onde foi verificada a existência dessas emoções complexas, que antes eram vistas como sociais e culturais, é fortemente interligada com as redes neurais que regulam funções básicas do corpo, como a pressão arterial, por exemplo, o que nos liga ao coração, confirmando a participação desse órgão no comportamento. Tudo isso indica que as emoções ditas sociais evoluíram cedo e são, certamente, mecanismos de sobrevivência que vêm no "kit básico" do corpo. Toda sorte de emoções são viscerais e não algo inventado por uma cultura ou sociedade.

Nós temos um órgão que é chamado de segundo cérebro, tamanha sua importância e independência do cérebro. Mais uma parte do corpo que tem relação direta com o comportamento humano. O intestino e seu funcionamento estão ligados ao humor, à vitalidade, à disposição e também à alegria, que são comportamentos das pessoas. Isso porque alguns hormônios e neurotransmissores são produzidos no intestino. Isso tudo afeta nossas emoções e, por consequência, nosso comportamento de consumo.

Para termos uma ideia da ligação e importância desse órgão com o comportamento do ser humano, descobriu-se recentemente que cerca de 90% da serotonina, um neurotransmissor envolvido na comunicação entre as células, fundamental para a avaliação do meio que nos circunda e intimamente relacionado ao humor, à afetividade e à sensação de alegria, é produzida pelo intestino. Assim, tomo a liberdade de dizer que 90% do nosso humor pode estar ligado ao funcionamento bom ou ruim desse órgão. E as alterações de humor, alegria e afetividade são grandes impulsionadores de compra e consumo de produtos e serviços. Neurotransmissores em excesso, ou a falta deles, proporciona alterações emocionais e nos induz a comportamentos muitas vezes compulsivos. Assim sendo, o intestino e seu processo de absorção de partes dos alimentos têm relação direta com o comportamento do consumidor. Algumas de nossas emoções dependem do bom funcionamento dele, mas o marketing ortodoxo nem sequer buscou entender esse fato.

O sistema nervoso entérico, como é chamada a rede nervosa que está ligada ao intestino, tem uma conexão direta com o cérebro pela medula espinhal e pelo nervo vago. Um fato curioso, e que comprova a importância do intestino no comportamento humano, é que a maioria das fibras do nervo vago estão orientadas em direção ao cérebro, e o fluxo de mensagens do abdome para aquele membro superior é bem maior que o fluxo de mensagens que vai do cérebro ao trato digestivo, o que mostra a independência do sistema nervoso entérico. A grande quantidade de neurotransmissores no intestino, como citei acima, propõe que devemos dar uma importância ao sistema nervoso abdominal, tanto quanto se dá ao cérebro. A complexidade do sistema nervoso entérico nada perde para a do cérebro. Não é à toa que, quando temos algum problema intestinal, nosso comportamento se altera sobremaneira.

Segundo o Dr. Drauzio Varella, quando são interrompidas as conexões nervosas do cérebro com as outras partes do corpo, como no caso do traumatismo craniano, o aparelho digestivo continua funcionando por conta própria, independentemente do cérebro, o que não acontece com outro órgão. Por isso, os intestinos são chamados de órgão inteligente por alguns cientistas, e estes mesmos dizem que, por ter ligação com as emoções, ele é um órgão temperamental.

Quero aqui deixar claro e evidente que a felicidade depende do que se passa no sistema gastrintestinal, e a felicidade, ou a falta dela, nos faz consumir mais produtos e serviços, ficar autoconfiantes, comprar mais, ficar menos felizes com pouca confiança em nós mesmos, disparar a comprar para poder levantar essa taxa de serotonina. Segundo Helion Povoa, autor do livro *O cérebro desconhecido*, nós necessitamos de serotonina para mais estados emocionais do que imaginamos: para resolver problemas, selecionar amizades, manter o trabalho prazeroso e também para enxergar a vida pelo lado positivo. São muitas as emoções ligadas à serotonina, e dependendo de uma quantidade razoável da sua produção, que é feita pelo intestino, pelo menos 80% dela.

Sabe-se também que 80% do nosso potencial de imunidade também é uma tarefa do intestino, e que, esse órgão, além de ser produtor do GH ou hormônio do crescimento, ainda secreta acetilcolina, que é um neurotransmissor de fundamental importância para a memória, também encontrado no cérebro. O intestino tem uma rede neural imensa, cerca de 100 milhões de neurônios e pesquisas revelam nada mais, nada menos que 40 hormônios, por isso considerada a maior glândula endócrina do organismo, e 20 neurotransmissores são secretados pelo eixo-cerebrointestinal. Portanto não só a felicidade é afetada por desequilíbrios no intestino, mas também a memória, tão importante para a lembrança de uma marca ou mesmo de um comercial de TV e várias outras emoções que nos cercam.

A etimologia da palavra "enfezada", que vem do latim *faeces* - matéria não aproveitada pelo corpo e eliminada pelo ânus -, pode representar muito a relação que existe entre o intestino e o humor do ser humano e animais também. Quando passamos muito tempo sem defecar, ficamos irritadiços, e por isso usamos a palavra "enfezado", ou seja, cheio de fezes. É o mau humor, a irritação que deriva do estado de prisão de ventre. E não o contrário.

Mais um fator que altera nosso comportamento, e que acontece no intestino, é o que os gastroenterologistas chamam de permeabilidade intestinal. Na mucosa intestinal é feita a seleção dos nutrientes que mantêm o corpo. Esse processo nem sempre acontece da forma correta, podendo haver absorção de substâncias que não são benéficas para o organismo ou que ainda não foram processadas devidamente. É o que chamamos de aumento da permeabilidade intestinal, que por sua vez pode causar obesidade, distúrbios psiquiátricos, como a ansiedade e a depressão, que na verdade acontecem porque há uma absorção indevida de certos peptídeos derivados da proteína e que podem ser perigosos.

Outro distúrbio, se assim posso chamá-lo, causado por alguns peptídeos, é a avidez por alimentos.

A microbiota intestinal é também um aspecto corporal que afeta diretamente o comportamento do consumidor. Já vimos que as bactérias estão em grande número no corpo e também no intestino. Estima-se mais bactérias nesse órgão do que células no corpo todo, o que significa em torno de 50 trilhões de microrganismos habitando nosso intestino. Assim, o desequilíbrio da função intestinal afeta o equilíbrio da flora e as bactérias nocivas ganham espaço para agir, causando diminuição da formação de serotonina e, logicamente, a falta de alegria, afetando o comportamento do sujeito.

Vimos aqui que o intestino tem um papel preponderante e decisivo no comportamento de consumo das pessoas, que pode afetar diretamente a escolha e a decisão delas em relação à compra de produtos e serviços. Junto com o cérebro, eles são os órgãos ligados ao comportamento. Quero dizer que essas duas partes do corpo humano são diretamente responsáveis pelos comportamentos expressos.

Outros órgãos participam também, mas não tão incisiva e decididamente. O intestino, não levado em consideração quando é feita uma análise do comportamento do consumidor, é na verdade um cérebro e, diga-se de passagem, bem sensível, pensante, com memória emocional, fácil de se irritar e que dirige nossas emoções de maneira decisiva, influenciando nossos pensamentos e até a felicidade. O marketing nunca prestou atenção a esses efeitos diretos no comportamento do consumidor, o que pode ser um perigo muito grande para um estudo efetivo e eficaz. Como a escolha e a compra estão diretamente ligadas ao intestino, talvez seja o que os americanos chamam de *gut instinct*, ou instinto das entranhas, que são coisas que sentimos, que nos fazem agir sem sabermos o porquê.

Partindo-se do princípio que toda a nossa estrutura corporal tem a mesma origem embriológica, fica fácil perceber a ligação, a importância e também a influência de todos os organismos no comportamento. Do cérebro e da medula espinhal partem nervos que se ramificam e se dirigem a todos os pontos do organismo. Eles reagem a motivações internas advindas de uma provocação (exterior ou interior) e também agem em função dessas mesmas provocações ou excitações. Todo o corpo participa da produção do comportamento e a ela está ligado. Isso significa que se analisarmos o comportamento apenas por um aspecto, o sociológico, por exemplo, estaremos perdendo muitas informações fundamentais para explicar tal fenômeno. Além do cérebro, do intestino e do coração, dos quais já falei, mostrarei a relação e a influência de mais alguns deles, porque, caso contrário, teria de fazer um tratado de medicina comportamental, o que não é o caso, nem minha competência.

A pele é o maior órgão do corpo humano e produz sensações mediante os milhões de neurônios aferentes situados na derme, os quais trazem toda a informação do exterior e também expressa muitas das nossas emoções, como quando suamos numa situação de perigo. Por essa relação tão íntima com o sistema nervoso, quando estamos aflitos ou nervosos, dizemos que estamos com "os nervos à flor da pele". Pele e sistema nervoso mantêm uma ligação ancestral, tanto filogenética como ontogeneticamente. Desde a formação do embrião, as duas estruturas são formadas a partir do mesmo elemento: o folheto ectodérmico, que na sua evolução dobra-se sobre si mesmo formando o tubo neural. A parte que fica por fora forma a pele e a parte interna desenvolve o sistema nervoso. Portanto, desde o início, a pele está em ligação direta com o sistema nervoso, sempre enviando informações sobre o meio externo. Isso quer dizer que há uma relação muito estreita entre ela e o sistema nervoso. A cada centímetro quadrado de pele nós temos 200 terminações nervosas. A ligação é tão forte e estreita que, segundo pesquisas feitas no Canadá, na Universidade Western de Ontário, mais de 40% das manifestações cutâneas estão associadas a transtornos psíquicos.

Uma das tarefas da pele é fazer contato com o ambiente, e a outra é proteger o organismo. A importância da pele é tão grande que podemos ser cegos, surdos, não ter olfato e paladar, mas não podemos sobreviver sem as funções desempenhadas pela pele. Não é à toa que esse órgão tem uma grande representação no cérebro. As mensagens entre o sistema nervoso e a pele se dão por meio de substâncias químicas chamadas de neuropeptídios, que levam o código dos pensamentos ocorridos na mente para a pele. A pele também envia ao cérebro suas mensagens por meio de substâncias químicas produzidas em suas células, que chegam ao sistema nervoso central e ao cérebro pelo sangue ou pelos nervos, lá gerando pensamentos. A comunicação entre esses dois órgãos, sistema nervoso e pele, é constante e imediata, e provoca alterações muito sutis, que muitas vezes são imperceptíveis, como variações na produção do suor, por exemplo. Suar é a maneira pela qual nosso corpo se livra do excesso de calor que é produzido pelo metabolismo ou então pelo trabalho muscular, isso significa que a quantidade de suor produzida pelo corpo depende de nosso estado emocional e do tipo de atividade física. Sabendo disso, é possível entender o estado emocional por meio da pele e, a partir daí, o comportamento de consumo e as reações aos comerciais de TV e propagandas impressas.

Segundo Montagu, a pele é formada por uma variedade de células resistentes e robustas, e protege os tecidos macios e moles do interior do corpo. Assim como as fronteiras de uma civilização, ela é um marco, local em que se travam batalhas e onde os prováveis invasores encontram resistência; aí se localiza nossa primeira e última linha de defesa. A pele é, na verdade, uma organizadora e processadora de informações e também mediadora de sensações, que funciona como barreira entre organismo e ambiente externo. Com isso, todas as sensações devem antes passar pela pele. Para Holubar, a pele tem uma função "egológica": autoimagem, autoconfiança (excitação, medo, embaraço) e uma função ecológica: mecânica, fisioquímica, térmica, imunológica. Para o autor, entre as duas funções, e relacionadas a ambas, há as funções sensoriais, que permitem a compreensão do *self* e a experiência do "outro". Em razão dessa combinação, e também da interface que ela promove entre o indivíduo e o ambiente, a pele funciona como um campo de batalha para o exógeno ou externo e o endógeno ou interno, para os processos físicos e psicológicos.

A pele tem significados fisiológicos que mostram nosso comportamento, pois funciona como o espelho dos processos do organismo. Sua cor, textura, umidade ou secura e outros aspectos refletem nosso estado de ser, psicológico e fisiológico. Nela podemos captar e coletar muitas informações para identificar prováveis comportamentos, porque esse órgão é uma grande superfície de projeção do funcionamento do corpo. Mediante o uso de técnicas é possível medirmos a atividade elétrica da pele e a excitação, o que não é medir a emoção, mas um componente dela, porque é uma das principais dimensões de uma resposta emocional. Mas a excitação não é apenas indicadora da ativação emocional, é também uma forte prenunciadora da atenção e da memória. Portanto, de fundamental importância para o comportamento do consumidor.

A condutividade da pele é sensível a vários estímulos diferentes e, por isso, muitas vezes é difícil determinar o que causou uma resposta da pele.

Normalmente, os eventos de relevância significativa ou de Natureza intensa para o indivíduo acionam o aumento na condutividade da pele. Basicamente, a excitação de baixo nível acontece quando estamos dormindo, e a de alto, em estados mentais tensos, como a raiva ou nosso engajamento em uma tarefa mental complicada. Uma experiência nova e excitante provoca aumento de condutividade elétrica na pele, em sinal de que o corpo está respondendo a essa situação tensa. Num estudo sobre a inata aversão a perda que o ser humano tem, o que vimos no capítulo anterior que trata das novas pesquisas em comportamento econômico, Elizabeth A. Phelps, psicóloga da Universidade de Nova York, lembrou que a emoção influencia no processo de tomada de decisões, e para avaliar como as pessoas faziam escolhas financeiras e tomavam decisões, os sujeitos pesquisados tiveram a condutividade elétrica da pele avaliada, como medida na indicação de atividade do sistema nervoso como prova de excitação emotiva. Além de tudo isso, a pele é promotora de relações sociais, o tocar é fundamental para todos os animais.

Do que lhes mostrei, que ainda é pouco, não é nada difícil associar a pele ao comportamento de consumo. Como é ricamente inervada, as sensações de frio, calor, pressão, dor e outras são captadas por ela e podem modificar nosso comportamento como consumidores. Uma loja muito fria ou abafada nos faz ficar pouco tempo, um toque num produto que não tenha uma sensação tátil boa nos faz recusá-lo, a aspereza também. A cor da pele influencia diretamente na compra de produtos cosméticos e faz algum tempo que o marketing percebeu isso, mas ainda não prestou atenção a todo o potencial de informação que a pele pode trazer para desvendar o comportamento de consumo.

É preciso lembrar que o comportamento é iniciado por cada célula do nosso corpo, que tem motivação própria para agir, sempre com intuito de proteger o organismo e manter a vida do sujeito.

3. Os sistemas corporais e o comportamento de consumo

Nosso corpo tem dez sistemas, o que para mim significa mais uma dezena de motivos para buscar compreender o comportamento do consumidor. Pois faz milhões de anos que o corpo humano atua, evolui e se transforma para se adaptar ao ambiente biótico e abiótico. Portanto, voltarei meu olhar para os sistemas e sua ligação com o comportamento e o ato de consumo de produtos, serviços e ideias.

O primeiro sistema que podemos relacionar com o comportamento é o circulatório, pois tem a função de transportar oxigênio, substâncias nutritivas e hormônios (substâncias distribuídas pelo sangue e capazes de modificar o funcionamento de outros órgãos do corpo e afetar todo o nosso comportamento). Esse sistema faz intercâmbio de materiais quando algumas substâncias são produzidas ou armazenadas em uma parte do corpo e utilizadas em outra parte, além disso, também exerce a função de transportar os produtos finais do metabolismo até os órgãos responsáveis por sua eliminação. Assim como com todos os órgãos e tecidos, o sistema circulatório tem relação direta e fundamental com o sistema nervoso.

O sistema cardiovascular transporta hormônios, então, se não houver o transporte dessas substâncias químicas de um órgão para outro, ou se houver uma alteração nessa ação, o comportamento vai se alterar sobremaneira. Quer dizer que o fluxo sanguíneo está estreitamente ligado com o comportamento humano. O sistema circulatório é um dos encarregados de proporcionar as condições adequadas para a realização do comportamento humano.

Uma das provas da importância do sistema cardiovascular no comportamento é percebido num feto que sofre com a influência das emoções maternas, pois o nível de ansiedade da gestante influencia no estresse do feto, isto é, se for alto, pode causar sofrimento no bebê e, possivelmente, acarretar consequências orgânicas e psíquicas. Todo esse processo se dá via circulação do sangue, porque não há ligação entre o sistema nervoso materno e o sistema nervoso fetal. O que acontece é que as emoções vividas pela mãe, como o medo, a ansiedade ou mesmo a raiva, fazem com que o sistema nervoso autônomo dela libere substâncias químicas na sua corrente sanguínea, o que altera a composição do sangue e este modifica o ambiente intrauterino, afetando o feto e o colocando em alerta. O processo e a inundação de químicas maternas via corrente sanguínea provoca um aumento ou diminuição dos batimentos cardíacos e da atividade motora do feto. Esse fato mostra exatamente a importância da circulação na ativação do comportamento, pois um organismo afeta o outro apenas por mudanças na composição sanguínea, no transporte de substâncias químicas. Vê-se também aqui a força da endocrionologia comportamental.

Além disso, o feto e o sujeito que vai crescer e se comportar são a mesma pessoa, e as características comportamentais formadas no útero acompanharão a vida toda desse indivíduo. São experiências vividas. Certamente, ao reviver na vida adulta situações complicadas ou estressantes, de raiva, medo ou ansiedade, o inconsciente buscará aquele padrão de comportamento que deu certo, que lhe manteve vivo. E quem trouxe essa experiência para o feto foi a corrente sanguínea que o ligava com a mãe, não diretamente o sistema nervoso dele, que por sua vez não tinha ligação com a progenitora. Se o sistema cardiovacular tem tal importância na gestação, terá na vida inteira do sujeito e afetará, sim, seu comportamento. Isso tudo faz parte da ontogenia ou história biológica do indivíduo. Ela se inicia no útero.

Outro aspecto que não podemos esquecer é que para haver movimento é preciso ter aumento de fluxo sanguíneo. Quando pegamos algo na prateleira de um supermercado, a mando do nosso cérebro, precisamos de aumento de fluxo de sangue na região determinada pelo cérebro e no próprio cérebro. A circulação afeta diretamente as funções e o comportamento sexual, como a ereção, e isso afeta o comportamento de consumo. A indústria farmacêutica entende como ninguém essa relação e ganha muito dinheiro criando produtos que mexem diretamente com a circulação.

Quando temos emoções fortes é no coração que sentimos os efeitos. Ele é quem nos prepara para a fuga e nos alerta para vários estados emocionais. Nesses casos, a circulação sofre mudanças repentinas, intensas e com uma rapidez impressionante. Para se ter uma ideia, no espaço de 3 a 5 segundos, a frequência cardíaca pode aumentar até o dobro do normal, e dentro de 10 a 15 segundos, a pressão arterial chega a ser duplicada. Tudo isso para que possamos, fisiologicamente, enfrentar situações de risco, que ameacem nossa vida ou integridade física. Ao coração nós delegamos a função de nos pré-dizer uma situação. Grandes nomes da ciência, como Galeno e William Harvey acreditavam que a circulação sanguínea carregava o espírito vital (a alma) e o espírito animal (o instinto). A tradição popular diz que quando temos comportamentos que beneficiam os outros coespecíficos, temos "coração grande", e se ocorrer o contrário, "não temos coração".

A relação entre o sistema endócrino e o comportamento humano é tão estreita que se estuda hoje a endocrinologia comportamental, na qual não vou me estender muito por agora porque, devido a sua grande importância, o próximo capítulo tratará dessa área. A maior parte das atividades desse sistema não é percebida conscientemente e por isso temos comportamentos dos quais não entendemos o porquê. Mesmo para especialistas em endocrinologia comportamental ainda existem muitos mistérios relacionados com a atividade desse sistema que tanto mexe com nosso comportamento. Ele controla muitos dos mecanismos bioquímicos que ocorrem em nosso corpo. A principal ferramenta usada pelo sistema endócrino é o hormônio. O organismo usa dezenas de hormônios para regular o crescimento, a digestão e a temperatura corporal, entre outras funções. Liberado por uma glândula endócrina, o hormônio pode viajar por todo o corpo e mudar a atividade de células a partir de muitos outros sistemas.

O sistema endócrino está em todas as partes, e os produtos químicos por ele produzidos agem de várias maneiras em cada uma das células do corpo. Quem faz o transporte desses hormônios, de toda essa informação química, é o sistema circulatório, como já vimos. Enquanto o sistema nervoso usa os neurônios como meio e neurotransmissores como comunicação, o sistema endócrino usa os hormônios e a corrente sanguínea como meio. São as glândulas que secretam hormônios em seu corpo. Existe uma glândula chamada pituitária, na base de nosso crânio, que libera hormônios controladores da pressão arterial e do sistema excretor. Há também a tireoide no pescoço, que controla nosso ritmo de crescimento ósseo e o metabolismo. Existe ainda uma pequena glândula adrenal acima do rim, que libera adrenalina, o que nos deixa animados. Vemos, assim, que as glândulas endócrinas estão em toda parte do organismo, cumprindo funções de extrema importância e diretamente ligadas ao nosso comportamento.

O sistema muscular também está relacionado diretamente com o comportamento, pois ele contrai e realiza movimentos em resposta a estímulos nervosos. É formado por três tipos de músculos: os esqueléticos, que proporcionam o movimento voluntário, os cardíacos, que são exclusivos do coração e têm a função de bombear sangue para o corpo, e os músculos lisos, que estão presentes em órgãos e veias do corpo, mas realizam seu trabalho sem que tenhamos vontade de fazê-lo. O sistema muscular recebe mensagens do sistema nervoso e efetua contrações ou movimentos conforme essas ordens, o que o torna efetuador de comportamentos voluntários e involuntários.

Comportamento refere-se às ações ou reações de um organismo, normalmente em relação ao ambiente biótico, ou vivo, e o abiótico, ou não vivo. Ações no sentido de que um organismo pode agir por vontade própria, mesmo que o ambiente não o estimule diretamente, não provoque uma excitação corporal e reações de resposta a uma provocação ambiental. O comportamento pode ser consciente ou inconsciente, aparente ou encoberto, voluntário e involuntário, e o sistema muscular se faz importante porque participa de todos esses tipos de comportamento, efetuando as ordens do sistema nervoso. Daí a importância de entendê-lo como parte fundamental da análise comportamental relacionada ao consumo.

Os músculos do corpo são críticos para quase todas as formas de comportamento. Na verdade, sem atividade muscular não existe comportamento observável. Por exemplo, as ações dos músculos faciais durante as expressões de diferentes emoções podem nos dizer muito sobre o comportamento de um sujeito. Paul Ekman é um psicólogo especialista em microexpressões faciais para detectar emoções ocultas ou não expressas oralmente, e tem pesquisas e trabalhos publicados sobre a detecção da mentira com análise desse tipo de expressão muscular. Os trabalhos mostram que as palavras podem enganar ou esconder uma emoção, mas as tais microexpressões declaram exatamente o que o sujeito está sentido. Elas são compostas de sinais faciais que duram somente alguns décimos de segundos e são um método confiável de perceber quando estamos mentindo, mas não podem ser vistos por qualquer pessoa, a menos que seja alguém treinado. Um processo muito útil quando pensamos em pesquisa do comportamento do consumidor, no qual falarei em um capítulo mais adiante. No momento, apenas quero ressaltar a importância do sistema muscular no comportamento humano.

Essa importância está não só nos movimentos que podemos observar, mas também na expressão das emoções. Por meio dos músculos, o corpo revela emoções mediante a expressão corporal ou o que alguns chamam de linguagem do corpo. Isso porque a emoção é propagada por todo o corpo e, ao chegar aos músculos, estes produzem movimentos diversos de atração ou fuga. A neurolinguística é uma das áreas que se interessam pelas revelações do organismo para interpretar o comportamento do sujeito.

Se é como os biologistas alegam e sustentam, que as emoções são processos orgânicos internos e involuntários, e também universais e inatas, portanto de caráter não cognitivo, ligadas à filogenia e não à aprendizagem, fica difícil fazer uma análise delas com perguntas aos sujeitos que as manifestam, e daí novamente aparece a importância do viés biológico para a busca do entendimento do comportamento do consumidor. Se há relações íntimas da emoção com a atividade muscular, podemos observar movimentos musculares voluntários, ou mesmo os movimentos involuntários desse sistema, mediante uso de equipamentos e técnicas de mapeamento para identificar o comportamento de consumo de um indivíduo ou mesmo a sua intenção, ao verificar a ativação do córtex parietal, área cerebral que controla os músculos. Emoções despertadas em propagandas, por exemplo, podem ficar aparentes com esses métodos, e a partir de então avaliar a efetividade do conceito da campanha e dos elementos da propaganda, como os protagonistas, as situações, as falas e assim por diante.

O sistema sensorial é composto de terminações sensitivas do sistema nervoso periférico, encontradas nos órgãos dos sentidos: pele, ouvidos, olhos, língua e fossas nasais. Esses órgãos transformam os diversos estímulos do ambiente em impulsos nervosos. Eu digo "diversos" porque eles podem ser de natureza química, térmica, ou mesmo mecânicos, e são transmitidos para o sistema nervoso central, de onde partem as coordenadas que determinam as diferentes reações do nosso organismo. O sistema sensorial codifica quatro aspectos de um estímulo: o tipo, a intensidade, a duração e a localização. Com base no local em que captam estímulos, e sua especialização, os receptores podem ser exteroceptores, isto é, situados na superfície do organismo e especializados em captar estímulos externos ao corpo; proprioceptores, isto é, situados em músculos, tendões e juntas, captadores de estímulos internos, detectando a posição do sujeito no espaço, assim como o movimento, a tensão e o estiramento musculares; interoceptores, isto é, que também percebem e captam as condições internas do organismo, mas respondem a estímulos viscerais ou outras sensações, como a sede e a fome.

Esse sistema propicia o relacionamento do organismo com os ambientes interno e externo, fazendo-nos notar tudo o que nos rodeia e permitindo nossa sobrevivência, um dos dois grandes motivos do comportamento humano. Formado por células, os receptores captam e traduzem as informações ambientais, convertendo-as em impulsos elétricos que serão processados em diversas áreas cerebrais, o que chamamos de dinâmica cerebral, e então será dada uma resposta voluntária ou involuntária para tal provocação ambiental. A ligação do sistema sensorial com o comportamento é óbvia, pois este último se dá em função da captação das mais variadas informações endógenas e exógenas. É o sistema de informação do organismo que visa a uma adaptá-lo ao ambiente e fazê-lo sobreviver.

A maioria das atividades do sistema nervoso é iniciada pela experiência sensorial que emana a partir dos receptores do sistema sensorial, quer sejam visuais, auditivos, táteis ou de outros tipos de receptor. A experiência sensorial pode causar uma reação de imediato ou pode ainda ser armazenada no cérebro por muito tempo, permanecendo na memória do indivíduo, e em outra ocasião, auxiliar na emissão de respostas aos mesmos estímulos. Uma vez estando armazenada na memória, a experiência sensorial pode também provocar lembranças e, a partir daí, comportamentos, mesmo que não haja estímulo externo. Quer dizer que não é somente a experiência sensorial do momento que proporciona comportamento, mas a sua lembrança também. Por isso tão fundamental para a análise do comportamento do consumidor.

Os órgãos receptores são tão importantes que têm seus lugares especiais no cérebro, áreas específicas para receber e, depois, junto com outras, de forma dinâmica e ainda não totalmente conhecida pela ciência, processar as informações que trazem para dentro do corpo. O lobo frontal recebe a informação dos nossos movimentos e é composto pela área motora primária, responsável pelo movimento do corpo, e a área motora secundária, responsável pela coordenação desses movimentos. O lobo parietal é composto da área somatossensorial primária, que recebe as informações originadas na pele e nos músculos, e a área somatossensorial secundária, que coordena as mensagens recebidas; no lobo occipital encontra-se a área visual primária, que recebe mensagens captadas pelos olhos, e a área visual secundária, a qual coordena os dados recebidos visualmente, permitindo o reconhecimento dos objetos; o lobo temporal tem a área auditiva primária, que recebe sons elementares, e a área auditiva secundária, que identifica e interpreta os sons recebidos na primeira.

Fica assim, evidente, a importância do sistema sensorial para análise do comportamento do consumidor. Mas uma análise não mediante o uso de perguntas diretas ao consumidor, com entrevistas ou questionários, mesmo porque, como disse e repito sempre, muitos desses processamentos se dão automática e inconscientemente, o que não permite uma pesquisa qualitativa aproximada da verdade. É preciso ir além e buscar essa informação com pesquisas biométricas, porque o indivíduo pode dizer que comprou determinado produto ou escolheu certa marca de maneira que a resposta seja condizente com seu modelo mental, e não necessariamente o que realmente se passou. Ninguém diz ter comprado um carro para poder parecer provedor de prole e assim se reproduzir com várias mulheres. Alega motivos racionais ou mesmo emocionais, mas não o verdadeiro motivo, o biológico.

Para finalizar, quero que fique evidente que, quando temos a intenção de estudar o comportamento humano, precisamos entender como ele se processa internamente, isto é, devemos ter uma visão endógena do que nos faz agir, sem desconsiderar todo o lado das influências externas. É preciso buscarmos os chamados *gut feelings*, ainda incompreendidos, mas desde o advento da imageologia, possíveis de ser verificados. Dois princípios devem ser levados em consideração: um é o da totalidade e o outro é o da especificidade. O primeiro nos alerta para o fato de que em qualquer comportamento existe sempre a participação de todos os domínios que atuam de forma integrada. Quando digo todos os domínios, incluo os endógenos (células, órgãos e sistemas) e os exógenos (ambiente, cultura, sociedade). Portanto, como digo sempre, o indicado é ser holográfico e enxergar o todo, não só as partes.

Por outro lado, temos o princípio da especificidade, significando que, embora todos os domínios estejam envolvidos em qualquer comportamento, cada um deles necessita de uma análise específica, particular. É impossível nos privarmos da análise de um ou de alguns deles, pois não podemos achar que a partir de um ponto entendemos o todo. Somente a análise total nos trará a verdade sobre o comportamento do consumidor. O que proponho é voltarmos nosso olhar para os aspectos biológicos, sem perder de vista o antropológico, o sociológico e o psicológico, que, afinal de contas, nos troxeram até aqui. O conjunto das contribuições dos estudos e análises de cada domínio endógeno e exógeno é que vai nos levar para o entendimento correto do comportamento de consumo do ser humano.

4. O microbioma e o comportamento do consumidor

Segundo Bonnie Bassler, somos 99,99% bactérias e elas não são passivas como pensávamos, agem sobre nosso corpo. O corpo humano contém normalmente bilhões de microrganismos, quer na pele, em baixo das unhas, na boca, no nariz, no intestino e em outras cavidades do nosso corpo. Já vimos no primeiro capítulo que as bactérias são seres que conversam quimicamente, têm vida social, reconhecem seus coespecíficos, comunicam-se com eles e também agem em grupo. Neste capítulo, vou ainda mostrar que esses seres unicelulares influenciam em nosso comportamento de consumo. Para tanto, convoco mais uma vez as ciências biológicas, mais especificamente a microbiologia, que é o ramo da ciência que estuda os microrganismos e, dentre eles, as bactérias, e que têm dado muitas contribuições à biologia, especialmente nas áreas da genética, biologia celular e bioquímica.

Para entender o comportamento de consumo dos seres humanos e a sua relação com as bactérias, devemos olhar não somente para dentro do corpo, mas para fora também, porque tanto o nosso corpo quanto o ambiente estão cravejados de bactérias, inclusive nossos alimentos. Mas, como meu intuito é levantar as influências da biologia e de mecanismos internos corporais, não vou entrar em tal discussão. Isso poderia fazer parte de um próximo livro sobre a influência da ecologia ambiental no comportamento humano. Um fator externo, embora não social, mas novamente biológico. Pode render grandes ideias, num futuro breve.

Nosso corpo é mais microbiano que humano. É constituído por um sistema ecológico com grande biodiversidade, formando na verdade um megaorganismo. Sabe-se que o corpo humano contém 100 trilhões de células, mas uma boa parte, ou melhor, a maioria delas é bactéria ou microrganismo que vivem simbioticamente em várias partes do corpo. Simbioticamente porque tais microrganismos retiram nutrientes de nós e retribuem com várias tarefas essenciais para nossa saúde, como a proteção contra patógenos e a conversão metabólica de nutrientes.

Microbiota normal refere-se à população de microrganismos que habita a pele, e às mucosas de pessoas normais e sadias. Ela é classificada em residente, ou seja, composta de microrganismos encontrados com regularidade, levando em consideração a idade do sujeito; e transitória, ou seja, composta de microrganismos que não provocam doenças e permanecem na pele ou na mucosa por um tempo definido, pois não se estabelecem na superfície corporal de maneira definitiva, como a residente. As residentes impedem a colonização de patógenos do meio externo e o possível desenvolvimento de doenças, além de ajudar a absorção de nutrientes. É sabido que os microrganismos sintetizam vitaminas essenciais para o nosso metabolismo e possibilitam a digestão de alguns nutrientes. Por exemplo, nosso corpo não é dotado de química necessária para quebrar totalmente a celulose das plantas que ingerimos, e então as bactérias nos fornecem enzimas-chave para esse processo. E vamos chegando cada vez mais perto da relação entre as bactérias e nosso comportamento de consumo de alimentos. Mais alguns passos e estamos no comportamento de compra.

Uma pesquisa interessante sobre microbiologia e obesidade, feita pelo pesquisador Jeffrey Gordon e sua equipe na Universidade Washington, em Saint Louis, descobriu que dois grupos de bactérias benéficas são dominantes no intestino humano, o bacteroidetes e o firmicutes. Eles mostram que nos povos em que a proporção de bacteroidetes é pequena, a obesidade é maior em comparação com outros povos, e que os resultados dessa pesquisa indicam que a obesidade tem um componente microbiano.

Percebe-se, então, que a composição da flora intestinal pode favorecer a obesidade. Como o intestino do homem aloja bilhões de bactérias que desempenham papel importante na digestão dos alimentos, e 90% delas pertencem a dois grupos dominantes (bacteroidetes e firmicutes), sua influência é enorme no comportamento de consumo alimentar. Talvez não seja como dizemos, que certas pessoas "pensam gordo", mas sim porque a composição da flora intestinal é diferente em indivíduos magros e obesos. Em pessoas acima do peso predominam bactérias firmicutes, capazes de extrair com mais eficácia a energia dos alimentos ingeridos. Assim, o sujeito que as possui em grande quantidade retira dos alimentos calorias que não são aproveitadas por outros animais, engordando mais facilmente que os indivíduos que têm mais bacteroidetes.

Se a obesidade tem componente microbiano, isso vem corroborar o fato de que os micróbios interferem em nosso comportamento de consumo de alimentos, como disse. E sabendo disso podemos diminuir a oferta de produtos alimentares calóricos, ou que provoquem obesidade, e aumentar a oferta de academias e outros tratamentos para a obesidade. Talvez se uma academia souber quais são as pessoas que não têm essa bactéria, poderá fazer um planejamento estratégico de marketing e beneficiar a população, levando em conta a bioética. Como disse várias vezes neste livro, eu não sou determinista e não acredito que a ciência biológica é a única promotora do comportamento humano.

Nessa busca prazerosa por respostas sobre a influência em nosso comportamento exercida pela microbiota, ou conjunto de microrganismos encontrados em nosso corpo, comecei a buscar pessoas que pudessem me dar dicas e caminhos para eu fazer essa ligação, aparentemente esquisita para todas as pessoas que eu abordava. A pergunta era sempre a mesma:

– Mas como assim?

Então encontrei Bonnie Bassler, que é do departamento de biologia molecular da Universidade de Princeton, Estados Unidos, e perguntei a ela, por e-mail, se poderíamos dizer que as bactérias afetam o comportamento humano e se, mais especificamente, esses microrganismos afetam nosso comportamento de consumo. E ela, mais do que atenciosa, respondeu-me que tinha adorado minha pergunta, mas que não tinha uma resposta porque ainda era muito cedo para tanto. Disse ainda que é notório e vital o papel que os microrganismos desempenham em muitos dos nossos comportamentos, mas que esses estudos estão vindo à tona somente agora. E continuou o e-mail afirmando que, até pouco tempo, cientistas pensavam que as bactérias que vivem dentro de nós e ao nosso redor não tinham um papel tão ativo. Mas essa ideia vem mudando e, com ela, vem surgindo estudos sobre o verdadeiro papel das bactérias em nossa vida. Bonnie acredita que em pouco tempo eles descobrirão como as bactérias trabalham, dentro e fora do nosso corpo, e como elas "controlam" nosso comportamento. E finalizou a mensagem dizendo:

– É, simplesmente, muito cedo.

Para entendermos o alcance dessa questão que agora estou levantando e a importância dela para o comportamento humano e de consumo, precisamos saber que quando estávamos no útero, éramos estéreis, livres internamente de microrganismos, mas rodeados deles externamente, porque nossa mãe os tinha. Mas no exato momento em que passamos pelo canal da vagina, começamos a adquirir um universo de microrganismos que nos prestarão diversos serviços por toda a nossa vida.

Esses microrganismos se espalham por todos os lugares do corpo e com dois anos de idade estamos totalmente ocupados por esses "inquilinos". Dos trilhões de bactérias que temos quando adultos, centenas de espécies trazem com elas genes, dotando-nos de características e funções que nosso organismo não precisou desenvolver. Assim, carregar conosco bactérias é uma economia para o corpo, porque fazemos *outsourcing* de funçoes e as trocamos por moradia e alimento, o que influi sobremaneira em nossos comportamentos em geral e também no comportamento de escolha e consumo de produtos.

De tudo o que vimos neste capítulo, fica evidente que o marketing precisa aproximar-se urgentemente da psicofisiologia, que é o estudo científico das relações entre os fenômenos psíquicos e os fisiológicos. O que se passa na mente de um sujeito, que é o grande e incógnito objeto de estudo do marketing, porque gera um comportamento observável, é produzido pelo cérebro e tem participação de todas as células, tecidos, órgãos e sistemas do organismo; portanto, não há como prever o comportamento humano sem necessariamente entender os "motivos" do corpo. A psicologia passa pela fisiologia, inevitavelmente.

BIBLIOGRAFIA

ASIMOV, Isaac. O cérebro humano: suas capacidades e funções. Curitiba, PR: Hemus, 2002.

BRASIL. FAPESP. Faxina no fundo do mar.2002. Disponível em: http://www.revistapesquisa.fapesp.br/?art=1926&bd=1&pg=2&lg= Acesso em: 07/06/2009

CARRE, J.M.; MCCORMICK, C.M.; MONDLOCH, C.J. . 2009. Facial structure is a reliable cue of aggressive behavior. Disponível em: http://pss.sagepub.com/content/20/10/1194.full.pdf+html. Acesso em: 19/12/2009

CARLSON, Neil R. Fisiologia do Comportamento. São Paulo: Editora Manole Ltda, 2002.

CHEN, Yan; KATUSCAK, Peter e OZDENOREN, Emre.2005. Why Can't a Woman Bid More Like a Man? Disponível em: http://www.cerge-ei.cz/pdf/wp/Wp275.pdf. Acesso em: 18/10/2009

4 Bioquímica do comportamento do consumidor

1. Endocrinologia comportamental.

A influência dos hormônios no comportamento humano.

Já vimos que o sistema endócrino é formado por órgãos que têm como atividade característica a produção de hormônios, que por sua vez são lançados na corrente sanguínea e agem em outras partes do organismo ou órgãos-alvo, controlando ou auxiliando o controle de sua função, ou seja, induzindo-os ou inibindo-os. Os hormônios, chamados de "mensageiros químicos", são substâncias químicas que transferem informações e instruções entre as células de órgãos diferentes, regulam o crescimento, o desenvolvimento e o metabolismo, controlam as funções de muitos tecidos e auxiliam as funções reprodutivas. Diferentemente das informações enviadas pelo sistema nervoso, que são transmitidas por impulsos elétricos, se deslocam rapidamente e têm um efeito quase imediato e de curto prazo, os hormônios são mais vagarosos e seus efeitos se mantêm por um período mais longo de tempo.

A produção de hormônios é feita por glândulas ou tecidos especializados, que os expelem conforme as necessidades do organismo. A maioria dos hormônios é produzida por glândulas do sistema endócrino, como a hipófise, a tireoide e as suprarrenais, além dos ovários e testículos. Essas glândulas endócrinas produzem e segregam os hormônios diretamente na corrente sanguínea, mas nem todos eles são produzidos pelas glândulas endócrinas, porque, como vimos no capítulo 3, o intestino produz hormônio, mais ou menos 90% da serotonina, e também a placenta o produz, com o intuito de regular alguns aspectos do desenvolvimento do feto.

Apesar dos efeitos dos hormônios serem complexos, as suas funções são divididas em três grandes categorias. Alguns hormônios alteram a permeabilidade da membrana celular, outros alteram a atividade de enzimas e ainda existem os que estimulam a liberação de outros hormônios. Seus efeitos mais prolongados resultam também na ativação de genes específicos. O mesmo hormônio afeta tecidos de formas diferentes e pode ter diferentes efeitos num mesmo tecido em diversas fases da vida. Mas a complexidade não para por aí, porque alguns dos efeitos induzidos por hormônios exigem a ação de mais de um hormônio, para que, na falta ou deficiência de um, outros o compensem.

Quantidades muito pequenas de hormônios podem desencadear respostas muito grandes no organismo. Eles são considerados os grandes chefões do corpo humano, e muitos humores, desejos e medos do ser humano dependem do seu nível, isto é, se as taxas de hormônio estão altas, baixas ou mesmo estabilizadas. A importância dessas substâncias químicas no organismo é tão grande, que uma variação brusca pode ter efeitos drásticos no organismo, como a depressão. Elas são vitais para o funcionamento do corpo humano e definitivamente fundamentais para o comportamento.

Ao contrário do que possamos pensar, assim como a relação gene e comportamento não é linear, não há uma paridade entre um comportamento e um hormônio, ou seja, não existe um hormônio específico para um determinado comportamento; as relações são muito mais complexas do que isso. Uma substância química que altera a raiva, por exemplo, não age sozinha na motivação do comportamento de raiva. Assim, não podemos dizer que um hormônio provoca determinado comportamento por si, mas por um conjunto de fatores. O que podemos dizer com certeza é que o nível desse hormônio influencia em certo comportamento. Segundo Oliveira, a relação entre hormônios e comportamentos é biunívoca, porque, por um lado, essas substâncias estão "por trás" de algumas atitudes e, por outro, essas atitudes provocam ou induzem a alteração de estados endócrinos.

Ainda para o mesmo autor, os hormônios podem atuar em dois níveis. No primeiro, eles agem na ontogênese ou no desenvolvimento do organismo, incidindo sobre a diferenciação das estruturas ligadas ao comportamento, sejam elas sensoriais, de decisão, motoras ou somáticas. No segundo nível, agem em organismos que já tiveram a diferenciação das estruturas terminadas. Nesse caso, atuam no sistema nervoso, alterando os processos de percepção, modificando as respostas aos estímulos e à produção destes; e também sobre os sistemas motivacionais, com significado social, alterando os estímulos que o sujeito envia para os seus coespecíficos. Quer dizer, os hormônios agem tanto na formação dos órgãos como nas ações dos órgãos já prontos ou formados, e esse é o nível de ação que nos ajuda na investigação e no entendimento do comportamento de consumo.

Para entendermos a endocrinologia comportamental, precisamos ter em mente que existem alguns princípios da ação hormonal em relação ao comportamento:

1) um hormônio específico não corresponde a um comportamento determinado;

2) para um hormônio influenciar o comportamento, ele muda a probabilidade de esse comportamento ser evocado e não age como um interruptor ligando e desligando atitudes;

3) as relações entre o comportamento e o hormônio, como já vimos, são recíprocas;

4) os níveis hormonais não são fixos ou estáticos, variam durante o dia todo;

5) hormônios interagem uns com os outros;

6) as estruturas hormonais são similares em todos os vertebrados, mas as funções hormonais se diferem entre as espécies;

7) a comunicação hormonal, diferente da comunicação neuronal, que tem direção certa ou destinação precisa, é feita espalhando-se sinais químicos pelo corpo, por meio da corrente sanguínea. Eles são apanhados por células dispersas que têm receptores para aqueles sinais;

8) as mensagens neuronais são rápidas; as hormonais, vagarosas;

9) as células endócrinas produzem suas substâncias químicas transmissoras e as estocam para uso futuro.

Esses princípios nos mostram muitos fatos que devem ser levados em conta na hora da análise comportamental. O primeiro deles é: não há um determinismo hormonal. A análise não pode ser feita de maneira simplista e fixa ou engessada, pois os hormônios variam o dia todo, conforme o organismo do sujeito e também as provocações ambientais externas. Nem todas as experiências feitas com vertebrados e seus comportamentos podem ser traduzidas e imputadas ao ser humano. É preciso tomar muito cuidado com o tipo de resposta desejada pelo marketing, porque não é simples assim: hormônio Y = comportamento Z. O positivismo e o imediatismo pretendidos pela lógica mercadológica podem não combinar com o preciosismo biológico, mas este pode trazer respostas verdadeiras para aquele. Não encontraremos respostas imediatistas, no sentido de que certo hormônio faz o sujeito comprar determinado produto ou serviço, ou mesmo escolher uma marca específica. Mas também não acharemos essa relação entre o questionário respondido ou a entrevista feita e um comportamento específico. Nem mesmo a observação de compra pode garantir a repetição da mesma compra. É preciso ter em mente que ainda estamos engatinhando na endocrinologia comportamental, assim como nas neurociências, que não podem dar respostas definitivas, mas com toda certeza podem dar melhores respostas do que as que o marketing tem hoje mediante observação, entrevistas ou questionários.

As ações endócrinas, ou seja, dos hormônios, interagem com todos os outros sistemas de órgãos no corpo humano e isso significa que tais substâncias químicas estão em toda parte do organismo, influenciando o comportamento de maneira geral. Indivíduos cujos níveis hormonais não são normais apresentam um comportamento fora do padrão para o gênero e para a idade. Por exemplo: crianças que produzem hormônios sexuais precocemente podem demonstrar comportamento agressivo e assertivo ou categórico, além de características físicas da fase de maturação. Em adultos, as mudanças nos níveis de hormônios podem ter um efeito significante nas capacidades intelectuais, na memória, no aprendizado e, principalmente, no estado emocional. E se essas substâncias afetam a memória, vão influir a lembrança de marcas e propagandas; se agem no emocional, vão influenciar na escolha de um produto ou serviço, na decisão de compra deles e no momento de aquisição também. Quer dizer que, dependendo do nível de hormônios específicos, o comportamento de consumo muda completamente. Isso é algo que os profissionais de marketing devem necessariamente entender.

Sabe-se, mediante pesquisas realizadas em neuroeconomia e economia comportamental, que a flutuação hormonal da mulher pode ter um impacto sobre suas decisões financeiras, que a variação de hormônio do homem influencia a tomada de decisões de risco, e que muitos outros comportamentos que são acionados pelo sistema endócrino. Mas, como disse e repito, ainda não há uma pesquisa que atrele um comportamento de compra e consumo a um hormônio específico. É nesse campo da endocrinologia comportamental que está o desafio das próximas décadas da Biologia do Comportamento do Consumidor.

Se os hormônios afetam tão diretamente a atividade sexual dos seres humanos e existem para carregar informações de um órgão para outro, ajudando o corpo a se manter informado para permanecer vivo, voltamos a minha questão de que o comportamento de consumo tem relação com a reprodução para a perpetuação dos genes e com a sobrevivência do organismo. Aliás, a endocrinologia comportamental iniciou-se a partir das experiências com sexo. Arnold Adolf Berthold, em 1849, retirou os testículos de um galo e observou o comportamento do animal. Descobriu, então, que o galo não cantou, não demonstrou comportamento sexual nem agressivo, mas quando Berthold reimplantou um testículo na cavidade corporal, o galo novamente começou a cantar, exibir comportamento sexual e agressividade. Na operação de reimplante do testículo, não foram restabelecidas as conexões nervosas que haviam sido perdidas na castração, de modo que o cientista pôde concluir que existiam substâncias químicas produzidas pelos testículos e liberadas no sistema circulatório que influenciavam o comportamento do galo.

A relação entre os hormônios, o cérebro e o comportamento pode nos ajudar na busca por respostas sobre as atitudes do consumidor. É o chamado sistema neuro-hormonal, estudado pela neuroendocrinologia. Os sistemas nervoso e endócrino têm como função coordenar atividades do organismo mediante informação de um ponto para outro do corpo. Mas o sistema nervoso usa os neurônios, e o sistema endócrino percorre o corpo via corrente sanguínea. O sistema nervoso pode segregar hormônios que intervêm no funcionamento de diversas glândulas e, reciprocamente, os hormônios produzidos pelas glândulas endócrinas têm ação sobre o funcionamento do sistema nervoso. O cérebro é fonte ou alvo desses mensageiros que são os hormônios, e porque o comportamento origina-se de atividades cerebrais, aquelas substâncias têm sempre uma ação poderosa sobre o comportamento. Toda vez que há uma ameaça iminente para o corpo, os sistemas nervoso e endócrino, bem coordenados e de maneira generalizada, respondem com reações que alertam o sujeito para que este tome as providências e garanta sua sobrevivência. Vê-se então que muitas reações comportamentais podem ser automáticas e inconscientes, sem que o próprio indivíduo saiba o porquê de tal reação ou ação.

O hipotálamo regula o sistema endócrino de maneira direta, quando secreta produtos neuroendócrinos que vão para a circulação por meio da neuro-hipófise, e de modo indireto, pela secreção de produtos reguladores no sistema hipotálamo-hipófise. Os hormônios trabalham como mensageiros que transmitem ordens com destinatários definidos, e o comando central é a hipófise ou glândula pituitária localizada no cérebro, que além de produzir seus próprios hormônios, estimula as outras endócrinas a fabricar o restante. Algumas dessas substâncias químicas têm a única função de sair de sua glândula de origem e viajar até uma outra, para avisá-la de que deve produzir o hormônio que executará a tarefa. Responsável pela regulação da atividade de outras glândulas e de várias funções do organismo, a hipófise produz numerosos e importantes hormônios, por isso é reconhecida como glândula-mestra do sistema nervoso. A ligação entre o cérebro e os hormônios é que o sistema nervoso central manifesta seu controle sobre a hipófise por meio do hipotálamo via ligações nervosas, ou substâncias parecidas com hormônios, conhecidas como fatores de liberação. Situa-se também no cérebro a pineal, que é uma pequena glândula endócrina localizada perto do centro do cérebro, entre os dois hemisférios, e exerce um importante papel na regulação dos chamados ciclos circadianos, que são os ciclos vitais, principalmente o sono, e no controle das atividades sexuais e de reprodução.

O hipotálamo faz parte do sistema límbico, é o principal centro integrador das atividades dos órgãos viscerais e um dos principais responsáveis pela homeostase corporal.

Essa área cerebral faz ligação entre o sistema nervoso e o sistema endócrino, atuando na ativação de diversas glândulas endócrinas, controlando, dentre algumas funções, a temperatura do corpo, o apetite e a sede, os ritmos biológicos e o sono, as emoções, o comportamento sexual. Sugere-se que o seu envolvimento com a expressão de emoções é direto por meio das suas partes laterais que parecem envolvidas com o prazer e a raiva, e a porção mediana ligada à aversão e ao desprazer. Essa área cerebral é o intermediário do cérebro que traduz as emoções em respostas físicas. Quando a raiva, o medo, o prazer e a excitação são gerados no cérebro, o hipotálamo envia sinais para as mudanças fisiológicas que devem ocorrer, via sistema nervoso autônomo, e também pela liberação de hormônios da glândula pituitária. Ele prepara o corpo para a reação de fuga ou aproximação como o aumento dos batimentos cardíacos, de transpiração, calafrios e respiração ofegante. Por ser também o centro da sede e da fome, controla o comportamento alimentar do sujeito. Concluímos, então, que partes importantes do sistema endócrino estão situadas no cérebro e que o hipotálamo é que regula esse sistema, portanto, o comportamento está diretamente ligado à secreção de hormônios e vice-versa.

Os hormônios têm sido considerados ou vistos como moduladores de comportamento. Isso significa que sua presença não é necessária para a expressão do comportamento, mas pode incrementar, aumentar ou diminuir a probabilidade da sua expressão. Os hormônios podem afetar a expressão do comportamento dito social, agindo sobre o circuito neural e afetando a interação mediante a modulação da produção do sinal no emissor, ou na percepção do sinal pelo receptor. Hormônios coordenam a fisiologia e o comportamento, regulando, integrando e controlando as funções corporais. Quando um time ganha um jogo de futebol, por exemplo, a maioria dos seus torcedores aumenta o nível de testosterona, que influencia o comportamento subsequente dessas pessoas. A maioria dos fãs do time que perdeu apresentará uma queda de testosterona que também influenciará os próximos comportamentos. Os hormônios e seus níveis agirão pós-jogo e influenciarão a relação entre os torcedores dos times, que é sempre exacerbada.

Essa influência hormonal acontece durante a vida toda, com variações por ciclo de vida, porque a quantidade de substâncias hormonais varia conforme a idade, e em todas as situações que o sujeito viver, seja de interação com coespecíficos ou não. Com isso, percebemos que a vida social é permeada de ações hormonais que vão agir ou influenciar o comportamento do indivíduo, o que nos prova mais uma vez que o comportamento social, antes de tudo, é individual e se processa internamente. A relação entre homem e mulher é permeada de hormônios sexuais, a relação dos jovens com adultos e entre eles mesmos é encharcada de hormônios e, com toda certeza, a relação entre um sujeito e um objeto ou um símbolo acontece também sob a influência dos hormônios. Essas substâncias estão em todas as nossas ações cotidianas nos influenciando mais do que imaginamos. Costumamos notar a ação dos hormônios e responsabilizá-los pelas atitudes exageradas dos jovens e das mulheres, fundamentalmente na TPM, mas não notamos que todos os adultos, mesmo os do sexo masculino, têm reações tanto de exagero como de passividade comportamental, em todos os relacionamentos, seja com pessoas, objetos, marcas e até com ideias.

Quando estamos no útero não temos relação social, apenas sentimos as relações que nossa mãe tem e que agem sobre a quantidade de hormônios na corrente sanguínea, alterando seu comportamento conforme a situação. Esse é apenas um mecanismo de manutenção da vida e não uma ação provocada pela relação entre nós e o coespecífico. Se carregarmos os padrões de comportamento que vivemos no útero, muitos dos nossos padrões de secreção e níveis de hormônio serão anteriores e influenciarão na maneira como nos comportaremos, mais calmos ou mais agressivos, mais ansiosos ou mais pacientes e por aí em diante. Sendo assim, as ações da sociedade e da cultura sobre o comportamento são permeadas por substâncias químicas, a quem chamamos de hormônios.

Pensando nisso, notamos que a ação de um comercial ou uma propaganda de TV vai depender do nível hormonal do sujeito naquele momento. Certamente um ato de compra numa loja específica ou em qualquer ponto de venda depende não somente da abordagem e da interação do vendedor, a quem nós imputamos toda a responsabilidade da compra, não só da disposição de um produto na gôndola mas dos níveis hormonais do consumidor. O que quero dizer é que os profissionais de marketing apostam todas as suas fichas no ambiente e nem sequer prestam atenção em aspectos importantes e naturais do sujeito que compra. Partem do princípio de que uma técnica de exibição bem feita basta, mas o sujeito consumidor é um ser biológico e cheio de ações químicas dentro do seu corpo.

Aos hormônios estão sendo imputados até a duração da paixão nas relações. Conforme estudos feitos na Universidade de Piza, na Itália, enquanto no início da relação amorosa é grande a quantidade de neurotrofina, que provoca o desejo, com o passar do tempo, mais ou menos dois anos, a quantidade dessa substância vai baixando, diminuindo o tal desejo, e então ela é substituída por outro hormônio chamado de oxitocina, que, por sua vez, consolida os sentimentos mais duráveis de compromisso e o que chamamos de amor. Esse estudo mostra que existem certos hormônios no começo da relação que não são encontrados nas pessoas que têm relações de muitos anos. Situação em que outras substâncias hormonais prevalecem. É mais uma das muitas provas de que as substâncias químicas fabricadas pelas glândulas endócrinas e enviadas para todo o organismo influenciam nossas relações sociais. Se levarmos em consideração que, enquanto estamos apaixonados, compramos muitos produtos para presentear nosso par, podemos associar essa vontade de compra, não diretamente à neurotrofina, porque vimos que a relação não é direta, mas podemos creditar a ela a nossa compulsão nessa etapa da vida. São processos químicos subjacentes ao amor, à paixão, ao carinho, o que significa que há uma base biológica nesses tipos de comportamento que levam ao consumo, e não somente um fundo cultural, como se supõem frequentemente.

2. Hormônios e comportamento

A relação entre os hormônios e o comportamento é simples: forças externas perturbadoras causam estresse, que tira o equilíbrio do organismo. Para restaurar tal harmonia ou equilíbrio, o corpo busca a homeostase por meio de forças restauradoras, entre elas as ações hormonais que são respostas adaptativas. Claramente nossos corpos são desenhados para o melhor desempenho e isso depende do mix de hormônios. Não significa que somos controlados por essas substâncias, mas que as respostas corporais ideais podem ser mais difíceis ou diferentes das que o organismo daria se a quantidade ou o nível de hormônio estivesse normal. Humor, memória e comportamento são afetados pela variação hormonal.

A palavra "hormônio" vem do grego *hórmon* e significa excitar, estimular, provocar algum tipo de reação em outra região do organismo. Portanto, sua relação com o comportamento é muito íntima. Além do que, alterando a fisiologia, alteramos a psicologia.

Existe uma metáfora que representa muito bem a relação entre o cérebro, responsável diretamente pelo comportamento, e o sistema endócrino. Ela é expressa pela frase "janela para o cérebro". A neuroendocrinologia nos fornece uma visão do sistema límbico, o responsável pelas nossas ações emocionais. As estruturas límbicas (amígdala, hipocampo, septum e hipotálamo) estão ligadas a funções como sono, prazer, apetite, motivação, memória e também o sistema de recompensa. E essas mesmas estruturas influenciam a hipófise por intermédio do hipotálamo. Assim, é possível dizer que as alterações hormonais afetam de maneira incisiva a estrutura cerebral e, consequentemente, o comportamento humano.

São vários os hormônios que influenciam no comportamento humano e têm também relação com nossas tomadas de decisão corriqueiras. O cortisol, por exemplo, que controla e influencia diversas funções físicas e psíquicas, é uma substância que afeta a nossa resposta aos desafios externos e ao estresse. O cérebro tem muitos receptores para cortisol, principalmente no hipocampo, área responsável pela memória temporoespacial. Quando vivemos um acontecimento traumático em algum lugar, ele é acompanhado dessa substância, e sempre que voltamos a tal local o cérebro é acionado. O cortisol melhora a formação de memórias e tem a função de fazer as pessoas se comportarem de maneira mais cuidadosa, regulando algumas emoções, principalmente o temperamento e os impulsos violentos.

Mas também é preciso estar atento aos contrapontos hormonais para poder analisar o comportamento. O que quero dizer é que existem hormônios que provocam efeitos diretamente opostos a outros. Como exemplo, nós temos o DHEA (dehidro-hepiandrosterona) que também é produzido pela glândula suprarrenal, como o cortisol, e que se contrapõe a este. O cortisol é catabólico e o DHEA é anabólico, implicando assim em agir de formas opostas. As pessoas que apresentam um balanço que pende para o DHEA são destemidas, arrojadas, atrevidas, otimistas, com maior grau de agressividade e baixo controle de impulsos (situação frequente nos indivíduos mais novos). Por outro lado, quando o balanço pende para o nível de cortisol maior, o medo, a propensão para a fuga, o pessimismo, a tendência à imobilidade diante do estresse (situação frequente nos indivíduos mais velhos) são as reações mais constantes no sujeito. Portanto, não é só a atuação de um certo hormônio que influencia o comportamento, mas a relação entre eles. Ao pretender analisar o comportamento com foco nos hormônios, devemos não só entender a função e o nível de cada um, mas também os seus contrapontos correspondentes.

A oxitocina, produzida no hipotálamo, área cerebral que faz a ligação entre o sistema endócrino e o sistema nervoso, é chamada vulgarmente de o "hormônio do amor" ou também "hormônio da confiança" e está presente em níveis superiores nas mulheres. Até pouco tempo, sabia-se que ela estava associada ao movimento de contração uterina, à amamentação e à sensação de bem-estar após o orgasmo, mas muito mais se descobriu recentemente com pesquisas. A oxitocina pode indicar confiança, docilidade e mesmo fidelidade; e carinhos corporais, calor e experiências agradáveis podem elevar seu nível. Talvez seja por esse motivo que a mulher, normalmente, procura mais compromisso do que o homem e trai menos. Outro benefício desse hormônio é que ajuda a mulher a se controlar durante o estresse, respondendo mais ponderadamente do que o sexo oposto, isso porque as ações dele no organismo inibem as reações de luta ou fuga, que são bem mais evidentes nos homens, em que o aumento da testosterona (na situação de estresse) reduz o efeito da oxitocina. Acredita-se também que tal substância seja capaz de acalmar e dar prazer em outras situações. A oxitocina age diretamente na amígdala, uma porção pequena e poderosa do cérebro, que se relaciona ao medo e às fobias.

Há também um hormônio chamado de vasopressina, e leva esse nome porque aumenta a pressão sanguínea ao induzir uma vasoconstrição moderada. A vasopressina é secretada pela neuro-hipófise ou a porção posterior da hipófise, mas é produzida por células nervosas do hipotálamo que estendem seus axônios até a neuro-hipófise. Ela regula o equilíbrio da água no corpo e atua em áreas do cérebro relacionadas ao comportamento reprodutivo, além de exercer um papel importante sobre o medo e o estresse como a oxitocina, nos cuidados da mãe com a prole e também na regulação dos processos de aprendizagem e memória. A vasopressina atua como hormônio em algumas vezes e como neurotransmissor em outras.

A testosterona, substância química endócrina, é produzida naturalmente pelos testículos nos indivíduos do sexo masculino e pelos ovários e glândulas suprarrenais nos indivíduos do sexo feminino. Apesar de ser encontrada em ambos os sexos, a concentração do hormônio no sangue dos homens é até dez vezes maior do que no das mulheres. Acredita-se que quanto maior a produção de testosterona individual, maior a propensão para a agressividade, para correr riscos, para as relações sexuais, menor propensão ao casamento e também à monogamia. Segundo James Dabbs, um dos maiores especialistas no estudo e pesquisas sobre testosterona, os sujeitos com níveis mais altos desse hormônio têm mais autoconfiança, são normalmente mais rudes, inquietos e sorriem menos que os outros que tem níveis menores dele. Ele se aproxima da psicologia evolucionista quando argumenta que a origem da relação entre esses padrões de comportamento humano e os níveis do hormônio pode estar ligada aos nossos ancestrais e os milhares de anos de evolução da raça humana, que deve ter selecionado os homens com maior nível de testosterona. Em relação às mulheres, a testosterona em demasia traria prejuízos, porque no seu papel, a habilidade manual e o cuidado com os filhos eram mais importantes do que a força física. Na verdade, as evidências existem no sentido de que tal hormônio é responsável pela competição entre machos, da mesma forma como nos outros animais.

Estrogênio é o hormônio produzido a partir da adolescência e que promove as características físicas femininas. Esse hormônio age sobre as células, sobre a anatomia e também sobre o comportamento. A partir da puberdade da mulher, o estrogênio passa a ter uma função importante no ciclo menstrual, e durante a gestação sua produção é aumentada. São estrógenos o estradiol, a esterona e o estriol. Os dois últimos também são produzidos no indivíduo do sexo masculino, normalmente derivados da testosterona e androstenediona. O curioso é que, quando em níveis baixos, ou mesmo quando há disfunção em seus receptores, o comportamento feminino fica mais "masculinizado", e a diminuição dessa substância faz com que a mulher sinta-se depressiva, apreensiva, insegura e até irritada e pessimista.

Especificamente nas mulheres, o estrogênio tem um impacto enorme. Durante a puberdade os níveis de estrogênio afetam diretamente a aparência, porque influem no crescimento dos ossos e na textura da pele, e isso significa que se os níveis de estrogênio são altos, os rostos tendem a ter traços femininos clássicos, como lábios e olhos grandes e maxilares e narizes mais delicados. Esse fato químico natural provoca uma reação extremamente favorável dos coespecíficos do sexo masculino. Numa pesquisa feita na Universidade de St. Andrews, Grã-Bretanha, os homens classificaram os rostos das mulheres com níveis mais elevados de hormônio como os mais atraentes, o que faz todo sentido no aspecto evolucionário da espécie humana, isso porque mulheres com maior nível de estrogênio são provavelmente as mais férteis e, por esse motivo, atraem mais os indivíduos do sexo masculino. Quer dizer, o estrogênio não só influi no comportamento da mulher, sua portadora, como também no comportamento dos outros indivíduos.

Hormônios esteroides como o estrogênio, a progesterona e também a testosterona podem influenciar diretamente o comportamento e a cognição pela sua ação na estrutura e na função do sistema nervoso central. Os hormônios não esteroides circulam através do sangue e produzem efeitos somente nas células-alvo, ativando seus receptores que, por sua vez, vão ativar mensageiros dentro da célula. Já os esteroides atravessam a membrana das células e se ligam aos receptores dentro delas usando um mecanismo de ativação direta do gene.

É curioso perceber que os hormônios sexuais têm uma participação ativa no comportamento humano. Esse fato vem corroborar minha crença de que a reprodução é a mãe de todos os comportamentos, e a sobrevivência, o pai, porque vemos também que outros hormônios ligados ao comportamento humano têm sempre uma relação com a luta ou com a fuga, que são mecanismos de sobrevivência. O estresse é uma reação biológica presente em todos os animais e desenvolvida no desenrolar da evolução para salvar vidas. Se os nossos ancestrais sofressem uma ameaça de um predador, o organismo deles liberaria hormônios e neurotransmissores para colocar o corpo do indivíduo em ação, em movimento para a fuga ou para o ataque, obedecendo ao instinto da sobrevivência. Vê-se novamente que o nosso comportamento tem em sua base mais profunda a manutenção da vida, ele atua em função da sobrevivência.

Por fim, todo tipo de comportamento humano, inclusive o comportamento econômico, e inclua-se aí o de escolha, a tomada de decisão, compra e consumo tem ligação direta com o desejo de espalhar os genes mediante a reprodução e a manutenção da vida do indivíduo. Todo produto, serviço ou ideia que demonstrar, provavelmente de maneira implícita, a sua utilidade na manutenção da vida e propagação dos genes terá um lugar no *hall* dos produtos que sobrevivem, aqueles 25% dos produtos lançados que permanecem no mercado. O contrário é válido, porque se o produto ou o serviço não trouxer em seu cerne essas propostas, não sobreviverá.

Como nos mostra Sergio Klepacz, no século em que estamos, os predadores continuam nos ameaçando, mas são outros, diferentes dos que ameaçavam nossos ancestrais. Agora os provocadores ambientais externos de estresse são a manutenção do emprego ou a competição por um cargo; as doenças, como a pandemia da gripe suína que nos ameaçou incisivamente no ano de 2009, causando todo tipo de estresse e medo de aglomeração; a violência urbana crescente; os problemas financeiros. O inimigo é diferente dos que afligiam os hominídeos ancestrais, o estresse hoje é muito mais psíquico do que físico, mas continuamos a receber ameaças ambientais externas, que são os predadores atuais. Esses novos inimigos fazem com que o organismo dispare uma carga de hormônios nos preparando para a luta e para a fuga, da mesma maneira que fazíamos milhares de anos atrás.

3. Feromônios e comportamento

Feromônios são substâncias inodoras produzidas por todos os animais, depositadas no ambiente e capazes de influenciar o comportamento e o funcionamento orgânico de indivíduos da mesma espécie. É uma forma de comunicação química que envolve regiões do sistema nervoso, o chamado sistema vomeronasal, que tem células sensoriais dotadas de proteínas muito sensíveis a baixas concentrações desses compostos químicos inodoros. Não se trata do sistema olfatório, portanto esses mensageiros químicos não são percebidos conscientemente, embora influam bastante sobre o comportamento e a funcionalidade do corpo. Para alguns estudiosos, no ser humano não há vestígios de tal órgão vomeronasal, a não ser durante a fase fetal, e também não se descobriram regiões específicas no cérebro que processem esse tipo de comunicação química. Mas, para outros estudiosos, esse órgão existe e é constituído de duas bolsas a 2 mm de profundidade, 1 cm a partir das narinas. Existe ainda um grupo que diz existir o órgão vomeronasal nos seres humanos, mas inativo, por ter perdido suas conexões nervosas com o cérebro. Há ainda outros que descartam a possibilidade de que o próprio sistema olfatório esteja envolvido nessa comunicação porque existem muitos exemplos de modificação de comportamento por causa de substâncias químicas de outros indivíduos.

Feromônios são estímulos químicos sócio-ambientais produzidos por um indivíduo e detectado por outro que seja da mesma espécie e esteja num determinado raio do espaço físico ocupado pelo excretor. Normalmente a comunicação feita por feromônios elicia ou provoca mudanças fisiológicas e comportamentais inconscientes, portanto, o sujeito que enviou o sinal ou a comunicação não tem consciência do fato e nem o receptor sabe que está respondendo a essa comunicação na forma de atração ou repulsa. A mensagem química dos feromônios tem como objetivo provocar respostas comportamentais como alarme, agregação, colaboração na produção de alimentos, marcação de trilhas, defesa, acasalamento e várias outras. Feromônios são chamados de ecto-hormônios, que são mensageiros transportados para fora do corpo, com o potencial de evocar certas respostas fisiológicas.

Uma dessas experiências foi feita pelas pesquisadoras Kathleen Stern e Martha McClintock, psicólogas da Universidade de Chicago, que coletaram, com cotonetes, a secreção das axilas de um grupo de mulheres durante diferentes fases do ciclo menstrual, mascararam o cheiro dos bastonetes com álcool e apresentaram a outro grupo de mulheres, tanto os cotonetes com o odor como os que só continham álcool. O resultado mostrou que um feromônio coletado antes da ovulação encurtava o ciclo menstrual das mulheres que foram receptoras e outro coletado durante a ovulação fazia justamente o inverso, prolongando o ciclo das mulheres receptoras. Também outros testes, de pesquisas diferentes, foram feitos entre sujeitos do sexo masculino e do sexo feminino. Material das axilas masculinas foi coletado, disfarçado com certo perfume e submetido a mulheres. O resultado foi que as mulheres receptoras tiveram o ciclo hormonal modificado, sentiram uma sensação agradável e ficaram mais relaxadas, com menor nível de tensão. O ciclo hormonal se modificou nas mulheres receptoras (mas não nas que receberam o cotonete só com o perfume). Além disso, ao responder a questionários padronizados, elas relataram diminuição da tensão do dia a dia e uma sensação agradável de relaxamento. Não se tem a prova da existência de uma área receptora e outra processadora, mas existem grandes e claras evidências de que essas substâncias alteram nosso comportamento.

Segundo Kohl, Atzmueller, Fink e Grammer, a importância do senso olfativo do ser humano tem sido subestimada. Muitos acham que a acuidade olfatória do homem na sua evolução tem se deteriorado, isso porque, comparados com outros mamíferos, nós temos muito menos células olfativas receptoras na mucosa nasal do que eles. Eles têm em torno de 230 milhões dessas células e nós temos por volta de 10 milhões, uma diferença significativa. Por isso, acredita-se que o homem tornou-se uma criatura visual, mas, conforme os autores, esse conceito precisa ser reconsiderado, desde que estudos recentes, como os que citei no parágrafo anterior, mostraram que o olfato tem uma participação na reprodução humana e isso afeta diretamente o comportamento dos sujeitos. Os mesmos autores alegam que há uma suspeita de nosso poder cognitivo superior nos permitir usar melhor nosso senso olfativo para diferenciar cheiros do que os outros mamíferos. Pode ser então que não seja apenas a quantidade de células nasais sensitivas ou o fato de possuir o sistema vomeronasal que permitam a um indivíduo perceber odores inconscientemente. Pesquisas científicas estão mostrando que há mais aromas no corpo do que somos capazes de registrar conscientemente.

Os biólogos alegam existir tal comunicação química externa, isto é, entre organismos que ajudam a explicar muita coisa, como amor à primeira vista e o ciúme. São sinais olfativos detectados pelo corpo abaixo do nível de consciência e que podem, na verdade, atrair ou mesmo repelir as outras pessoas. Acredita-se que essas substâncias atuem como estimuladores, pois fazem o organismo produzir mais hormônios ou aumentar o nível deles. Os sinais olfatórios parecem induzir reações emocionais, seja o estímulo químico percebido conscientemente ou não, mais evidências de que muita coisa acontece abaixo do nosso nível de consciência e influi em nosso comportamento, afetando diretamente as nossas interações sociais.

Para Carlos Eduardo Tosta, professor titular da Faculdade de Medicina da Universidade de Brasília,

> *"O meio mais universal de comunicação entre os seres vivos é por meio de estímulos químicos. Todos os seres, dos mamíferos às bactérias, passando pelos peixes, aves, répteis e anfíbios, se comunicam através da eliminação de compostos. A comunicação química entre indivíduos é essencial para a manutenção da vida e para os processos seletivos que redundam no aprimoramento das espécies."*

A mensagem é enviada pelos feromônios, que são liberados no meio ambiente absorvidos por outros organismos de forma não consciente. O professor ainda alega que essas substâncias químicas, além de influenciarem na atração sexual e no ciclo menstrual das mulheres, temas sobre os quais gira a maioria das pesquisas, também influem na modulação do humor e da memória, o que novamente nos alerta para a influência que ele exerce no comportamento humano e de consumo.

É interessante perceber que as bactérias, como vimos no primeiro capítulo, exercem influência sobre nosso comportamento via ações intestinais, mas também aparecem como protagonistas nessa comunicação química entre organismos, porque são as produtoras de feromônios, principalmente na pele, na região das axilas e na região púbica. E como temos diferentes macrobiotas ou conjunto de composição de micróbios, temos um padrão próprio de feromônio, isto é, um *finger-print* ou assinatura de feromônio.

Existe uma relação bem forte entre os feromônios e as nossas emoções, relação esta muito ligada ao efeito dessas substâncias químicas excretadas no ambiente por nossos coespecíficos sobre os nossos hormônios do eixo hipotálamo-hipófise-gonodal. Fundamentalmente, emoções ligadas à reprodução e escolha de parceiros. Já está provado que pouco tempo de exposição entre duas pessoas, uma do sexo masculino e outra do sexo feminino, está ligado ao aumento de testosterona em vários animais, inclusive nos humanos.

4. Neurotransmissores e comportamento

As ações dos neurotransmissores são a base dos estudos comportamentais em biopsicologia. Eles transmitem informações entre neurônios e permitem que mensagens sejam enviadas de partes do corpo para o cérebro e vice-versa. Existe uma variedade dessas substâncias químicas que afetam o corpo de maneiras diferentes, aqui veremos algumas delas. Os biopsicologistas estudam esses transmissores para tentar ligá-los e determinar seus efeitos no comportamento humano. Nesse ponto, vamos pegar emprestado todo o conhecimento dos cientistas da química comportamental para associar essas substâncias com o comportamento de escolha, compra e consumo de produtos, serviços e ideias, que possam contribuir com o conhecimento na área de marketing.

Essas substâncias corporais influenciam na memória, no humor, na motivação, no prazer, nos estados de sono e vigília, no aprendizado, nas emoções e na cognição de maneira geral, portanto, são também parte da base do comportamento, e por isso devem ser levados em conta na hora de analisarmos o comportamento humano. Se soubermos seu *modus operandi* e todas as reações cerebrais e corporais por eles provocadas teremos quase meio caminho andado no entendimento do comportamento do consumidor. Basta prestarmos mais atenção a esses fenômenos biológicos.

A dopamina é um neurotransmissor, precursor natural da adrenalina e da noradrenalina, tem como função a atividade estimulante do sistema nervoso central e atua em locais específicos, como os núcleos de base, amígdala, núcleo *acumbens* e córtex frontal. Está associada à coordenação motora, à motivação sexual e às sensações de euforia e prazer. Em condições normais, o cérebro produz uma quantidade desse neurotransmissor que faz a comunicação entre os neurônios e o efeito dessa comunicação gera as sensações acima descritas. Essa substância orgânica tem como uma de suas funções manter a atenção, inibir as funções motoras e modular o temperamento e o comportamento. A carência dela provoca impulsividade, hiperatividade e a falta de concentração.

Como neurotransmissor, a dopamina está ligada também à memória de longo prazo. Numa pesquisa que objetivava investigar a formação de memórias traumáticas em ratos, o neurocientista Martín Cammarota e seus pesquisadores brasileiros e argentinos confirmaram que esse neurotransmissor estimula o sistema nervoso e tem papel central no armazenamento duradouro das memórias de longo prazo. Descobriram, nessa mesma pesquisa, que é na área cerebral chamada de tegmental ventral, ligada ao sistema de recompensa, que ocorre o armazenamento da memória de longo prazo e essa estrutura se comunica com as outras áreas cerebrais usando a dopamina como mensageira.

A dopamina é tão importante no cérebro que a anormalidade em seus níveis está associada a várias desordens psíquicas. Sabe-se que os indivíduos atraídos por fortes emoções e que vivem procurando novidades e aventuras o fazem porque possuem menor quantidade de receptor desse neurotransmissor, que os levam a buscar novas experiências de forte impacto.

Ao contrário da dopamina que proporciona energia e disposição, a serotonina é uma substância sedativa e calmante, um dos principais neurotransmissores do sistema nervoso central, e desempenha um papel importante no controle das emoções, especialmente da agressividade. Vários estudos estão encontrando a relação entre os níveis desse neurotransmissor e os comportamentos que incluem os excessos na alimentação, no alcoolismo, na depressão, agressão e também no suicídio. Essas "desordens", se assim posso chamá-las, envolvem a diminuição ou perda de controle dos impulsos. A serotonina é conhecida, justamente, por criar quebras em outros neurotransmissores que encorajam tais comportamentos ditos impulsivos. Obviamente, e aqui vale repetir, o hormônio não age sozinho e não é um fator único, nem o gatilho específico desses atos impulsivos, mas há participação da influência ambiental, biótica e abiótica também. Tudo é processado no sistema nervoso do indivíduo, e portanto, tem uma influência muito grande dos neurotransmissores; um deles é a serotonina. Não quero aumentar a sua participação, mas sim dar o devido valor a essas substâncias químicas do organismo, no comportamento do consumidor. É minha obsessão e minha função desde o começo do livro.

É importante deixar registrado que não se sabe tudo sobre os neurotransmissores. Com isso, não podemos afirmar nada de maneira definitiva, mas nada disso me impede de aventar hipóteses, com base em pesquisas científicas que poderão ser confirmadas.

Muitos estudos feitos com primatas, mais especificamente com macacos Reshus, têm relatado que baixos níveis de serotonina estão relacionados à agressão, ao alcoolismo e a doenças mentais. Mas as evidências não definem se a baixa quantidade dela causa o problema ou se, ao contrário, os problemas é que promovem as baixas doses dessa substância. Sabemos que existe uma correlação entre esses elementos, o que já é um passo enorme em direção a novas descobertas comportamentais.

A serotonina é fabricada por neurônios situados em regiões mais baixas do cérebro, que controlam nossos impulsos e instintos, próximas ao pescoço, e cujas fibras ascendem às regiões superiores, inclusive o córtex cerebral, formando circuitos com a função de controlar o gatilho dos comportamentos. No córtex ela é reconhecida por proteínas receptoras e então essa área do cérebro bloqueia os comportamentos agressivos que seriam disparados pelas regiões mais baixas ou profundas. Mas nem sempre acontece exatamente assim, porque se apresentamos baixas concentrações de serotonina no cérebro, o córtex não consegue assumir o controle da situação. Resumidamente podemos dizer que esse neurotransmissor desempenha um papel importante no controle de emoções e no comportamento social.

A serotonina está intimamente relacionada aos transtornos do humor, ou transtornos afetivos, e a maioria dos medicamentos chamados "antidepressivos" age produzindo um aumento da disponibilidade dessa substância. Ela também desempenha um papel importante na regulação do círculo circadiano, do sono e do apetite, e, além de tudo isso, é uma das responsáveis pela sensação de bem-estar. Outro ponto importante é que, com taxas normais dessa substância no organismo, o sujeito atinge a saciedade mais facilmente, conseguindo controlar a ingestão de açúcares e demais alimentos calóricos. Isso significa que a serotonina está ligada também ao comportamento de consumo de produtos alimentícios e ao comportamento de compra por impulso neste setor.

Endorfina é um neuro-hormônio produzido pelo próprio organismo na glândula hipófise. Sua denominação se origina das palavras "endo", que significa interno, e "morfina", que significa analgésico. Essa substância orgânica também está ligada à sensação de bem-estar, conforto, melhor estado de humor e alegria, e é liberada comumente na prática de exercícios físicos. Regula as emoções, ajudando na redução do estresse, da ansiedade, e por isso, está associada diretamente ao comportamento, como as outras substâncias que venho citando. Acredita-se que controlem a reação do corpo à tensão, regulando algumas funções do sistema nervoso autônomo, como as contrações da parede intestinal, e portanto, determinem o humor.

5. Hormônios, feromônios neurotransmissores, e comportamento do consumidor

Decisão econômica, e incluo aqui a decisão de compra de um produto ou serviço, é um processo complexo de interação entre vários aspectos externos, como a cultura, a formação, a situação econômica do agente, e também internos, que como venho mostrando exercem uma influência enorme não percebida pelo agente e não detectada em pesquisas em forma entrevistas ou questionários. Faz-se necessário, então, buscar respostas nos processos fisiológicos internos que geram o comportamento, como os hormônios, os neurotransmissores e até os feromônios, que nos motivam a agir para atingir a homeostasia ou equilíbrio corporal. É sobre essa relação entre comportamento econômico humano e substâncias químicas corporais que vou discorrer a partir deste ponto, visto que já mostrei a relação destas com o comportamento humano em geral.

A economia comportamental vem descobrindo que o comportamento humano econômico é muito mais emocional do que se pensava, e também mediado por processos fisiológicos corporais, neurológicos e hormonais. A assunção de riscos na área econômica tem trazido à tona essas questões, antes não levantadas por puro antropocentrismo, o qual não admite o comportamento irracional e acha que o ser humano tem consciência de todos os seus atos e do que os motiva. Com esse novo pensamento econômico, surgem as pesquisas sobre a influência dos hormônios no comportamento de risco. Primeiro, sabia-se que os homens, em média, são mais propensos a correr riscos financeiros do que as mulheres, e essa diferença acontece devido a um hormônio chamado testosterona. Outros estudos mostraram que os agentes do mercado de ações com maiores lucros em certos dias foram influenciados também pelo alto nível dessa substância. Mas, mais recentemente, foi realizado um novo estudo que verifica a relação direta entre a testosterona e a atitude de risco na área financeira, feito por Anna Dreber, de Harvard e da Escola de Economia de Estocolmo, e Coren Apicella, também de Harvard.

As pesquisadoras afirmam que embora as suas descobertas não abordem a casualidade direta, acreditam que a testosterona pode influenciar como as pessoas tomam decisões de risco no campo financeiro. Nesse experimento com 98 estudantes de Harvard, com idades entre 18 e 23 anos, elas pegaram amostras do nível de testosterona antes do jogo de investimento, para ter certeza de que os níveis da substância corporal não estava elevada. Avaliaram também a masculinidade facial que é associada com o nível de testosterona na puberdade. Todos os participantes receberam 250 dólares e as pesquisadoras pediram a eles que escolhessem entre nenhum dólar e 250 dólares para investir. A forma de determinar o resultado do investimento foi por sorteio, se o pesquisado perdesse no sorteio perderia o dinheiro que apostou, e se ganhasse no sorteio, o participante receberia duas vezes e meia o montante investido por ele. Descobriu-se então que homens cujo nível de testosterona eram mais altos ou acima da média faziam uma quantidade maior de investimentos arriscados. Isso explica por que algumas pessoas se arriscam economicamente mais do que as outras.

Se transportarmos essa experiência para o comércio, com certeza veremos que os homens com mais testosterona se arriscam mais em compras de produtos e serviços. Provavelmente, a compra impulsiva de produtos mais caros deve ser dirigida para pessoas com nível maior de testosterona. E como saber quem tem maior nível dessa substância para fazermos uma venda? Pesquisadores canadenses analisaram 90 jogadores de hóquei e constataram uma significativa correlação entre as proporções do rosto do jogador e a sua agressividade, que está atrelada ao nível de testosterona. Quanto maior a proporção entre a largura e o comprimento do rosto, mais violento o sujeito e, como vimos, maior a sua disposição de correr riscos. Essa diferenciação no formato dos rostos de homens acontece geralmente na puberdade, devido a um aumento dos hormônios sexuais, principalmente a testosterona nos meninos. Isto é, a testosterona pode ser responsável por determinar a relação entre o comprimento e a largura do rosto do indivíduo. Assim, o resultado dessa pesquisa é que a marca do rosto pode indicar certos comportamentos, e eu acrescento a esses a disposição de correr riscos financeiros. Talvez possamos identificá-los pelo formato do rosto logo que cheguem ao *show-room* da loja.

Quanto à mulher, também existem pesquisas comportamentais mais diretamente relacionadas ao consumo. Mulheres entre 18 e 30 anos têm predominância de testosterona, além de estrogênio e progesterona. É nessa fase que costumam ser impulsivas em relação ao consumo de bens e serviços. Elas também têm por hábito consumir excessivamente para tornarem-se atraentes, provocadas pelos níveis de hormônios dessa fase, é o que diz Eliana Bussinger, professora da Fundação Getúlio Vargas. Karen Pine, pesquisadora de Hertfordshire, acredita que, durante a fase pré-menstrual, as mulheres têm um aumento no comportamento impulsivo, o que provoca efeitos no comportamento de consumo.

Definitivamente os hormônios estão relacionados com a tomada de decisão das pessoas no dia a dia, e com a decisão de escolha, compra e consumo. Como falei anteriormente, o cortisol é a substância química que exerce influência sobre nossas funções psíquicas e também provoca reações físicas. Portanto, na vivência de acontecimentos traumáticos, somos acompanhados dessa substância e sempre que voltamos a tal local o cérebro é acionado. Assim podemos compreender um momento de estresse de um cliente numa loja quando reclama por seus direitos e não é atendido, ou em outra situação qualquer; o cortisol entra em ação e, certamente, o cliente nunca mais voltará ao local, porque seu cérebro será alertado, com atividade no hipocampo, para a experiência passada. Sendo assim, nunca faça um cliente sentir-se mal em sua loja.

As relações entre os hormônios anabólicos e catabólicos, que fazem contraponto, podem também levar a comportamentos de compra específicos e diferentes. Anteriormente dei o exemplo do DHEA e o cortisol, que se contrapõem, agindo de formas diversas na alteração do nosso comportamento. Pessoas que apresentam o DHEA alto, conjugado com taxas baixas de cortisol, têm propensão ao baixo controle dos impulsos, o que pode levá-las a fazer compras mais atrevidas e também comprar mais impulsivamente. Ao contrário, aquelas que têm um desequilíbrio que pende para o cortisol, cuja taxa é maior que do DHEA, provavelmente serão mais comedidas nas compras, mais preocupadas e precavidas, terão maior medo de ficar sem dinheiro, arriscarão menos e talvez farão menos compras num cartão de crédito e mais compras à vista, dentro do seu orçamento.

Uma experiência interessante foi feita por Jonh Coate, da Universidade de Cambridge, com operadores da bolsa de valores. Durante duas semanas, ele coletou esteroides da saliva de um grupo de agentes econômicos, para ver como essas substâncias afetavam a performance dos sujeitos. Descobriu que os agentes que tinham altos níveis de testosterona pela manhã tiveram muito mais lucro pelo resto do dia do que nos dias que tinham baixo nível de testosterona. Mas ele também observou os níveis de cortisol e notou que, quando o mercado mudava e entrava em queda, essa substância, que é um hormônio provocado pelo estresse, se elevava no corpo dos agentes. O cortisol afeta a memória, e as pessoas tendem a se lembrar de coisas ruins, a ter más recordações, coisas negativas acontecidas, a ver risco onde não há, a se tornar receosas e ansiosas, diminuindo o apetite por risco dos agentes econômicos, ao contrário da testosterona, que provoca confiança, como vimos, e faz com que o sujeito arrisque mais. Assim, podemos supor que se fizermos o consumidor se sentir vencedor por um ganho (uma oferta fantástica, ganhar numa pechincha por um carro, por exemplo), isso aumentará o nível de testosterona dele e provavelmente o fará comprar mais coisas do que pretendia (acessórios por exemplo), mas, ao contrário disso, se provocarmos aumento do cortisol, será diminuído o apetite pelo risco e ele não comprará nem mesmo o produto intencionado. Devemos criar um jogo de negociações em que onde o vencedor seja o consumidor (aquela história do "tudo bem, vou tentar com meu gerente"). Essa é mais uma evidência de que somos irracionais na compra, e que nossos hormônios têm uma participação fantástica nela. A testosterona é considerada o hormônio masculino, não porque não exista na mulher, mas porque é prevalente no homem, que tem mais altos níveis do que ela, e está ligada ao desenvolvimento sexual do macho, à agressividade, ao comportamento competitivo e à dominância social. Sabendo disso, deixemos que o consumidor ganhe de nós e ele terá boas lembranças da nossa empresa. Esse fenômeno tem o nome de *winner efect*, ou efeito vencedor. Se o consumidor sentir que ganhou da primeira vez, voltará ao ponto de venda onde venceu o vendedor.

O mesmo pesquisador, em Cambridge, descobriu e publicou em janeiro de 2009, na *Proceedings of the National Academy of Sciences* (PNAS) que homens expostos a níveis mais altos de testosterona antes do nascimento tendem a ser negociantes melhores e auferir lucros seis vezes mais do que os outros. O nível dessa substância aumenta entre a nona e a décima oitava semana de gestação, e a exposição do feto a tal hormônio é associada a um maior poder de decisão no corpo e no cérebro em desenvolvimento. O incrível dessa pesquisa é que a quantidade de testosterona à qual uma pessoa foi exposta no útero da mãe pode ser medida porque deixa sinais no corpo do sujeito adulto, que é o tamanho do dedo anular da mão direita. Dedo anular relativamente mais longo indica altos níveis de exposição do feto à testosterona. Mas os cientistas também avaliam pela saliva, como foi dito na outra experiência citada.

Nas descobertas de Coates estão as seguintes afirmativas:

1) os sujeitos que melhor lidam com o risco são aqueles que apresentam níveis mais elevados de testosterona, substância química relacionada à autoconfiança, à coragem e à agressividade;

2) altos níveis de testosterona tendem a fazer com que os indivíduos tenham uma overdose de autoconfiança, o que pode se refletir em decisões errôneas ou equivocadas;

3) a obtenção de ganhos fácieis ou rápidos elevam mais o nível de testosterona, fazendo o sujeito arriscar-se ainda mais;

4) quem perde numa negociação pode sofrer com o estresse, o que libera o hormônio cortisol. Este ocasiona um efeito repressor, pois atua sobre a memória, associa a situação ao medo e à angústia e provocando uma aversão ao risco.

Num artigo publicado na Revista Nature, em 2005, a oxitocina foi apontada como o hormônio da confiança. Sabe-se que existem bases biológicas para a formação de elos sociais e afetivos entre indivíduos, agora é preciso trazer essas informações para os estudos de marketing, que têm uma relação direta com essas ligações sociais, pois sua base é a troca de "valores" entre indivíduos. No mesmo artigo apresenta-se uma experiência em que se usou um *spray*, normalmente aplicado em mães na fase de amamentação, para a liberação do leite, em 194 jovens universitários da Universidade de Zurique, Suíça. Depois de terem contato com a substância eles deveriam tomar decisões financeiras, mais especificamente de investimentos, e o resultado foi que duas vezes mais investidores confiaram seu dinheiro aos bancos e o valor médio dos investimentos era também 17% maior sob os efeitos da oxitocina. Levantou-se então a hipótese de que a substância, reconhecida pelo seu papel nas ligações e interações sociais, seja também importante na formação da confiança, a qual é necessariamente um mecanismo de adaptação dos animais, inclusive o ser humano, e essencial para o estabelecimento de relações sociais e econômicas. Assim, a quebra de confiança tem um impacto profundo no comportamento. Com certeza, as relações entre as empresas e seus clientes, de entrega mediante pagamento antecipado, compra pela Internet, aplicações de dinheiro por agentes na Bolsa de Valores e muitos outros comportamentos econômicos estão diretamente ligados ao nível dessa substância orgânica. Nos seres humanos, oxitocina de administração nasal reduz a percepção de ameaça e melhora processos envolvidos na comunicação e na codificação dos sinais sociais positivos, portanto, melhora a relação entre cliente e vendedor. Quem inala a substância apresenta menos atividade da amígdala, uma porção do cérebro pequena, mas poderosa, que se relaciona ao medo e às fobias, ou seja, o medicamento funciona inibindo a hiperatividade dos neurônios e diminuindo a desconfiança e as funções do sistema de medo, que é ativado durante uma situação de interação social.

Na pesquisa a que já me referi, realizada na Universidade de St. Andrews, sobre a relação entre a quantidade de estrogênio da mulher e a preferência dos homens pelas que têm um nível maior desse hormônio, o que significa ou indica maior fertilidade, há um detalhe importante que interessa ao comportamento de consumo: o uso de maquiagem pelo sexo feminino pode favorecer mulheres menos atraentes e até aumentar os olhos, dando-lhes uma característica própria da mulher com bom nível de estrogênio, mas pode também disfarçar as pistas expressas no rosto. Outra questão, esta não aventada pela pesquisa, mas que fica evidente, é a venda, por mulheres, de produtos para os homens. As mulheres cujo nível de estrogênio é bom provavelmente convencerão mais facilmente um sujeito do sexo masculino a comprar um produto, até porque ele vai identificar nela possibilidade de reprodução. Se o sujeito for comprar um carro, que no fundo é um artefato para aumentar suas chances de reprodução por parecer mais provedor do que os outros, e uma mulher com alto nível de estrogênio o atender, a venda pode ser uma consequência óbvia. Daqui também podem surgir oportunidades únicas para pesquisa de comportamento de consumo, como: a relação entre o nível de estrogênio da mulher da área de vendas e seu poder de convencimento sobre os homens.

A influência do estrogênio no comportamento econômico da mulher também foi pesquisado por Yan Chen, da Universidade de Michigan. Ele descobriu que quando se trata de ganhos e perdas monetárias, a mulher é mais avessa ao risco, mas esse comportamento desaparece em alguns dias do mês, durante o ciclo menstrual, quando os níveis de estrogênio são os mais baixos. Nessa fase elas apostam como os homens. O que acontece é que os hormônios são liberados em diferentes níveis durante o ciclo menstrual. Por meio dos ovários, até o 11° dia, o organismo feminino produz grandes quantidades de estrogênio, que declina no 13° dia, quando há um aumento de progesterona e acontece a ovulação. Depois de dez ou doze dias, se não acontece a fertilização, o nível de progesterona cai drasticamente.

Nem as crianças escapam da influência dos hormônios nas ações de escolha, compra e consumo de bens. O comportamento das crianças em relação a brinquedos parece ser cultural, mas as mesmas características comportamentais apresentadas por seres humanos são vistas em primatas e em outros mamíferos, e se eles têm ancestrais em comum conosco, mesmo longínquos, essas características não são aprendidas, mas fundamentalmente herdadas. A influência acontece logo cedo, por exposições hormonais antes do nascimento. A cultura, a vida em sociedade e a educação familiar reforçam esses comportamentos, mas, novamente, as bases são biológicas. Um menino, por influência dos hormônios, prefere brinquedos ligados à violência, e meninas preferem bonecas. Os fatores externos influem, mas os hormônios motivam. A meu ver, ação hormonal é a regra, e cultura, a exceção, podendo ou não modificar a atividade iniciada pela primeira.

Os jovens também são influenciados e até "empurrados" para o consumo, porque, como vimos, pendem para o DHEA, o que os torna mais destemidos, mais arrojados e também bastante otimistas, impulsionados para a compra não planejada e, às vezes, exagerada. Os bancos já perceberam esse comportamento dos jovens e vão até as universidades para abrir contas sem comprovação de ganho e distribuir cartões de crédito.

A complexidade da transmissão interneural cresce dramaticamente pela existência de diferentes neurotransmissores, cada um com sua propriedade química distintiva. As monoaminas derivadas dos aminoácidos incluem a dopamina, a norepinefrina, a epinefrina e a sorotonina, e são de grande importância para o comportamento do consumidor, porque acredita-se que elas influam no estado emocional, assim como nas experiências de medo e prazer. Outro grupo de substâncias envolvidas na comunicação sináptica são os neuropeptídeos. Entre eles, o mais significante para o comportamento do consumidor é a endorfina, que desempenha um papel na percepção da dor.

Quando avistamos um produto, a dopamina inunda o cérebro de prazer e, antes mesmo que tomemos consciência desse processo, já compramos tal produto. Em curto prazo, esse neurotransmissor, que atinge os centros de recompensa, nos traz aquela felicidade e euforia momentânea e repetimos sempre o ato da compra, porque queremos ter a mesma sensação, é um processo químico viciante. Tudo o que nos dá prazer queremos repetir incontavelmente, e por isso compramos mais do que podemos. Isso porque o ambiente externo também tem efeito sobre a produção de neurotransmissores, e repetindo um ato que noz traz prazer e euforia certamente aumentamos a profusão de dopamina.

Estudos feitos com ressonância magnética funcional da atividade cerebral sugerem que a liberação da dopamina está muito mais ligada com a antecipação da experiência do que com a própria experiência em si, fato que explica o porquê de termos muito prazer em "caçar" produtos e barganhas nas vitrines e também a causa dos *shoppings* fazerem tanto sucesso. É a tal antecipação do prazer que a dopamina promove. Dá para perceber então a tamanha importância das vitrines para a busca, escolha, tomada de decisão e compra de um produto, pois é ela quem vai dar início ao processo de liberação de dopamina que trará êxtase ao consumidor, antes mesmo de comprar o produto.

Desta forma, está comprovado que a dopamina tem ligação com a compra compulsiva, até mesmo de produtos que podemos nunca usar.

Outro fato é que se o baixo nível de serotonina está relacionado com comportamento impulsivo, não controlado pelo córtex, certamente está também ligado ao comportamento de compra por impulso que é associado ao não planejamento prévio de suas compras e que nos fazem gastar 20% a mais do que intencionamos. Isto é, todos aqueles objetos que não precisamos comprar, mas que queremos muito tê-los.

Ou seja, se o nível do neurotransmissor estiver baixo, compraremos por impulso, porque o córtex não é inundado por ele e deixa de operar corretamente e de julgar a situação, ou melhor, a necessidade de se adquirir tal produto.

Se podemos atrair ou causar repulsa em outras pessoas afetando o comportamento, dependendo dos odores que emitimos, tudo de forma inconsciente, a relação entre um vendedor e um comprador, básica do marketing, mais especificamente das vendas, é mediada por essas substâncias químicas. E se a androsterona, um feromônio encontrado na urina e no suor masculino, tem efeito atrativo em mulheres, e aversivo, podendo até provocar raiva, em outros homens, podemos imaginar os efeitos de uma abordagem de vendas entre homens ou entre homens e mulheres.

Devemos levar em consideração a existência dessas substâncias lançadas no ambiente no contato ou na venda pessoal, porque pode haver uma repulsa, ainda que o atendente trate muito bem o comprador, que vai evitar o contato. O mesmo pode acontecer com mulheres que possuem copulina, um feromônio vaginal secretado na ovulação, que atrai os homens. Quando inalam essa substância química, eles têm seu nível de testosterona aumentado. Talvez, uma mulher vendedora fazendo atendimento de vendas durante a ovulação, consiga melhores resultados do que um sujeito do sexo masculino. Mas é importante repetir que não há uma ação direta, tipo causa e efeito, portanto não é só essa substância que vai influir na compra, existem fatores externos ambientais, como os sociais e culturais. E novamente chamo a atenção dos profissionais de marketing para a biologia comportamental, mais especificamente para a química orgânica comportamental

BIBLIOGRAFIA

AGÊNCIA O GLOBO. Hormônios influenciam gastos da mulher. Neuroeconomia estuda sinais do corpo afetam as finanças. 2008. Disponível em: http://www.clicrbs.com.br/especial/rs/vidafeminina/19,0,2116428,Hormonios-influenciam-gastos-da-mulher.html. Acesso em: 30/07/2009

ACKERMAN, Jennifer. A melhor hora pra você: entenda por que você funciona melhor em determinados horários do dia – São Paulo: Editora Gente, 2008.

ALPER, Matthew. A parte divina do cérebro. – Rio de Janeiro: BestSeller, 2008.

APICELLA, Coren; DREBER, Anna. Financial risk-taking behavior is associated with higher testosterone levels. Males with testosterone levels above the mean invest more during a risky investment game. Disponível em: http://www.fas.harvard.edu/home/news-and-notices/news/press-releases/release-archive/releases-2008/testosterone-09292008.shtml. Acesso em: 30/07/2009

ARIELY, Dan. Previsivelmente irracional: como as situações do dia-a-dia influenciam as nossas decisões. – Rio de Janeiro: Elsevier,2008.

__________. Predictably Irrational. Disponível em : fora.tv/search_video?q=dan+ariely Acesso em: 09/07/2009

__________. Tendencies of Irrational Behavior. Disponível em : fora.tv/search_video?q=dan+ariely Acesso em: 10/07/2009

BERENBAUM, Sheri.Effects of Early Androgens on Sex-Typed Activities and Interests in Adolescents with Congenital Adrenal Hyperplasia. Elsevier. Hormones and Behavior, volume 35, Issue 1, fevereiro de 1999, paginas 102 -110

CARLSON, Neil R. Fisiologia do Comportamento. São Paulo: Editora Manole Ltda, 2002

CICERONE, Paola Emilia. Loucos por compras. Viver mente e cérebro, ano XV, número 176. São Paulo: Duetto, 2007.

CICERONE, Paola Emilia. Táticas de sedução. Viver mente e cérebro, ano XV, número 176. São Paulo: Duetto, 2007.

COATES, John.2008. Endogenous steroid hormones and financial decision making. Disponível em: http://www.neuroscience.cam.ac.uk/directory/profile.php?jmc98. Acesso em: 02/07/2009

COVOLAN, Roberto; ARAÚJO, Draulio B.; SANTOS, Antônio Carlos; CENDES Fernando. Ressonância Magnética Funcional: As funções do cérebro reveladas por spins nucleares. Ciência e Cultura, número 1.São Paulo: Imprensa Oficial, 2004.

5 Genética comportamental

1. Genética e Comportamento

Quero começar este capítulo ressaltando algumas ideias impróprias, que têm levado a certos enganos no que se refere à genética e ao estudo de comportamento do ser humano. Uma delas é a ideia do determinismo, que como você pôde notar durante a leitura deste livro, eu sou fervorosamente contra. Não existe determinismo genético, a não ser na cabeça das pessoas avessas às análises biológicas do comportamento humano, que negam a Natureza humana. São as pessoas que acreditam na "tábula rasa", que nascemos como uma folha em branco e a socialização e o aprendizado cultural é que vão escrevendo nosso modo de agir. Um absurdo, diga-se de passagem.

Discute-se o gene que determina o comportamento violento, o gene que nos faz preguiçosos ou racistas, e imputa-se à ciência algo como "doenças genéticas", o que é simplesmente um absurdo. Postula-se até que a personalidade é definida pelos genes de modo indelével. Mas, felizmente, os argumentos infundados são esvaziados diariamente pelas descobertas constantes da genética comportamental, mostrando que o gene é parte componente do comportamento, não determinante dele. É o mesmo que se diz das neurociências comportamentais e endocrinologia comportamental. Dá a nítida impressão de que não se quer reconhecer e discutir o que é inato, apenas o que é adquirido.

A palavra "determinação" é completamente equivocada nesta aplicação e pode ser trocada ou substituída por influência, que é o que realmente acontece. Os genes influenciam o comportamento humano, definem tendências modulando o comportamento que, como todos os traços complexos, envolve múltiplos genes, uma realidade que dificulta a busca de contribuições.

Outro problema paradigmático é a chamada "falácia naturalista". Essa é outra noção equivocada que impregna a mente das pessoas e cria preconceitos quanto aos estudos da genética comportamental. É mais um grande equívoco no que se refere à interpretação da teoria de evolução. Eu digo mais um porque são imputados à evolução vários absurdos e interpretações muito errôneas que conduzem a teoria ao fatalismo e ao determinismo. Ao acreditar na "falácia naturalista", conclui-se que, se a espécie humana apresenta certo comportamento, e este tem bases genéticas, ele é o correto, o natural, e deve ser apoiado integralmente, mesmo que seja contra os costumes ou a moral do grupo. É como se fosse uma desculpa para agir.

Mas como digo também das neurociências comportamentais, nós temos um córtex desenvolvido, mais do que os outros animais, e é ele nosso instrumento contra as desculpas. Com o córtex, fazemos julgamentos morais, éticos e, portanto, não há justificativas a ser oferecidas para atos estranhos, a não ser que o sujeito tenha problemas cerebrais de cunho anatômico e fisiológico. Um exemplo dado em todos os textos é o da infidelidade masculina. Se o esperma é barato e o indivíduo do sexo masculino tem de espalhar seus genes, o homem tem de se reproduzir com o maior número de fêmeas. O que pode haver é a vontade intrínseca, a manifestação do instinto, mas isso não é um álibi para a promiscuidade. Como disse, temos um córtex para usar, para avaliar, para julgar. É fator biológico, sim, mas se contrapõe com os *inputs* ambientais ou externos de cultura e costumes, que também vão, por sua vez, influenciar o organismo. Não é porque o comportamento é natural que não podemos controlá-lo, mas também não podemos negar sua existência. Portanto, a "falácia naturalista" é totalmente equivocada.

O erro está na compreensão de que o homem é uma espécie natural como as outras espécies e que, para explicar seu comportamento, basta considerar alguns aspectos biológicos. Ou seja, só o processo evolutivo seria suficiente para explicar o comportamento dos indivíduos humanos. O que não é verdade, pois estaria se considerando apenas a filogenia e esquecendo-se da ontogenia, que também é um aspecto biológico. Não se pode levar em conta apenas a história da espécie, mas deve-se considerar a história do indivíduo. É assim com o homem e com os animais ou todos os seres vivos. Vários estudos de genética comportamental confirmam a importância dos fatores ambientais para a manifestação de um comportamento qualquer. As propensões genéticas interagem e atuam de forma complexa com os eventos do cotidiano do sujeito, da sua vida, o que dificulta até a descoberta de ações causais diretas da genética no comportamento humano.

Outro grande erro ligado à genética está no fato de que a influência dos genes no comportamento humano e animal é poligênica, ou seja, ocorre com a interação de vários pares de genes e não apenas um. Fica, mais uma vez, difícil associar o gene X ao comportamento Y. Isso sem contar que, além dos genes, como vimos no decorrer deste livro, temos os hormônios atuando em diferentes níveis; as condições intestinais que atuam produzindo mais ou menos serotonina; os níveis de neurotransmissores e por aí em diante. Seria simples dizer que o gene é responsável por todo tipo de comportamento. A hereditariedade é um fator que tem valor preditivo quanto à probabilidade de alguns comportamentos, mas não envolve conexões de causa e efeito, porque uma terceira variável, que pode ser hormonal, pode influenciar nossos atos, isto é, modificar o comportamento esperado pela hereditariedade. As descobertas em várias áreas das ciências biológicas mostram que não há uma conclusão simplista sobre o comportamento do consumidor, como muitas vezes propõem profissionais de marketing.

Levando em consideração a filogenia, a evolução biológica e também a evolução sociocultural, as heranças que recebemos são orgânicas e têm como base as transmissões genéticas chamadas de exossomáticas ou ainda superorgânicas, como a cultura e os hábitos, que por sua vez são passadas de geração para geração, mediante a troca de informações e experiências. Em princípio essa segunda forma de transmissão dita "não orgânica" tem como base a biologia, mesmo porque a própria linguagem, que é o meio de transferência de informações, é biológica. Como vimos nos primeiros capítulos, a cultura também, pois é adquirida via aprendizado e mantida via memória, dois processos cerebrais fundamentais para a transmissão da cultura e que carregam muito da sobrevivência e da reprodução, objetivos fins do comportamento do sujeito animal. Tudo o que se transmite de um indivíduo para o outro é para adaptação, no final das contas e falando muito diretamente, é para aumentar as chances de reprodução e sobrevivência. Nada mais, nada menos do que isso. O que acontece é uma dissonância, pois a evolução biológica é lenta e a cultural é rápida demais. Fica então uma defasagem de entendimento de alguns atos, porque temos consciência dos nossos atos culturais, mas não temos a mesma clareza em relação aos comportamentos embotados, inatos, já que os herdamos de nossos ancestrais e eles nem sempre podem ser revelados por meio da linguagem. Aí está a brecha que os profissionais de marketing não captam nas pesquisas de comportamento do consumidor.

A verdade é que o equipamento que usamos para a linguagem, para o aprendizado, para a memória, que faz a evolução sociocultural, é biológico, está nas nossas células sensitivas, no sistema nervoso periférico, no sistema nervoso central, em todo o organismo e, por fim, é processado pelo cérebro. Os filtros que usamos para ver o mundo, entendê-lo e passar a informação adiante são físico-químicos e formatados, se assim posso dizer, pelos nossos genes, herdados de nossos pais, que por sua vez, herdaram de nossos ancestrais. Como a evolução sociocultural é bem mais rápida e a evolução filogenética muito lenta, a situação não propicia ao cérebro a chance de reorganizar seus instintos e comportamentos inatos na mesma velocidade. O cérebro humano resulta da constituição genética, portanto, nada mais compreensível do que sua evolução lenta anatômica e fisiologicamente.

Assim, podemos começar o capítulo sem preconceitos, sem uma visão míope e a ingenuidade de que a genética, a endocrinologia ou qualquer outro aspecto orgânico pode determinar um comportamento. Volto a repetir que venho buscando uma visão holográfica que possa abarcar o maior número de informações possíveis para entendermos o comportamento de consumo do ser humano, e está faltando uma pitada de biologia nesse molho.

Já existem estudos interconectando a neurologia às ciências comportamentais e, mais especificamente, às ciências aplicadas, como a economia e o marketing, mas ainda não tenho conhecimento de pesquisas no campo da genética comportamental ligadas especificamente ao comportamento de consumo, e, portanto, o que mostrarei neste capítulo são hipóteses. Que existe uma ligação do comportamento de compra com a genética, e por isso com a hereditariedade, é óbvio, porque esta influi no comportamento em geral. Por que não estariam presentes no comportamento de consumo? Assim como a endocrinologia, a genética só chegou até o comportamento. São ciências novas, que desde já quero trazer para o campo da economia e do marketing pelas mãos da endocrionologia comportamental, que vimos no capítulo anterior e da genética comportamental.

Antes de partir para a genética comportamental especificamente, quero voltar a um assunto que venho tratando insistentemente desde o início deste livro e que é a base para a compreensão do ponto de vista da Biologia do Comportamento do Consumidor: a pequena distância genética que existe entre nós e os outros animais, consequentemente, entre a nossa anatomia e fisiologia cerebral e, em função desses fatos, a correspondência entre nossos comportamentos e os deles, provando a existência e, muitas vezes, a prevalência do lado irracional no nosso comportamento, o qual quase nunca admitimos, e que o comportamento econômico e o de compra têm bases biológicas, porque são encontrados em outros animais que não humanos.

Sean Carroll, da Universidade de Wisconsin, e seus colegas pesquisadores, estudam o campo informalmente chamado de *Evo-Devo*, em inglês, que combina a biologia evolutiva e do desenvolvimento, para comparar os processos de desenvolvimento de diferentes seres vivos e os correlaciona; tudo isso para tentar determinar a ligação ancestral entre organismos. Esses pesquisadores descobriram que a Natureza utiliza genes similares para expressar características semelhantes, por exemplo, o olho da mosca, o do ser humano, e bactérias fotossensíveis recolhem a luz usando a mesma caixa de ferramentas genética. Com base nessas similaridades, podemos afirmar que os seres humanos são realmente apenas "macacos remodelados", segundo Carroll. Ele afirma também que quanto mais usamos o viés genético, menos únicos somos nós.

– Nem sequer temos mais genes do que um baiacu –, disse.

Vê-se que, cada vez mais, os antropocêntricos terão de superar esse obstáculo, e a economia e o marketing deverão levar em consideração fatores antes não admitidos para análise do comportamento de consumo, como a competição pela reprodução e as estratégias de sobrevivência, que se processam nas áreas mais primitivas do cérebro e têm como base a genética comportamental, uma vez que os genes codificam as instruções para a constituição do corpo de qualquer indivíduo.

Na verdade, estamos descobrindo que os genes são estáveis, mesmo entre as espécies que evoluíram milhões de anos independentemente. Alguns marcadores genéticos e estruturas químicas têm sobrevivido a mudanças na aparência física das espécies. Um exemplo típico é a sequência de genes Hox, que controla a forma como o corpo se desenvolve e que é o mesmo em organismos de milhões de anos, assim como em seres humanos até hoje. Das criaturas mais sim ples, passando pelas criaturas marinhas e chegando ao ser humano, os mesmos genes determinam a arquitetura corporal, uma prova inequívoca de que ainda temos muito dos seres mais simples. O engano é pensar que somos mais evoluídos que esses seres, o que não é verdade. Nosso organismo é mais complexo do que o de uma bactéria, mas elas são tão evoluídas quanto nós, pois passaram por bilhões de anos e se adaptaram extraordinariamente ao meio em que vivem, inclusive dentro do nosso corpo. Portanto, temos muitas motivações internas que nos levam a agir ou nos comportar, e cujas bases são as mesmas das de um organismo dito mais "simples" ou "primitivo", e essas bases estão escritas em nosso código genético.

O que é preciso ficar claro para desmistificar a relação entre a genética e o comportamento é que este não é herdado, mas somente o DNA. Os genes, na verdade, codificam as proteínas que são fundamentais para o desenvolvimento, a manutenção e também regulação dos circuitos neurais, que por sua vez geram o comportamento. À medida que os genes têm a função de desencadear a atividade da proteína, a qual constrói o cérebro e é essencial para a sua função, os primeiros certamente desempenham um papel, mesmo que indireto, no comportamento. Isso tudo sob a influência do ambiente externo, desde a fase intrauterina do feto até depois do nascimento, e pela a vida toda do sujeito. Sem contar a influência dos hormônios, dos aspectos filogenéticos, das bactérias e dos níveis de neurotransmissores. Por isso, não pode ser visto de modo simplório, como se faz hoje em dia nas análises do comportamento de consumo.

Os genes não podem e não devem ser responsabilizados totalmente por qualquer comportamento, mas apenas pela transmissão potencial de certas propensões. Isso porque, para eles se manifestarem, algumas condições devem se apresentar, tanto endógenas como exógenas. A expressão dos genes está condicionada a outros fatores que lhes são alheios. Comportamentos que caracterizam uma espécie ou mesmo um sujeito específico, classificados como inatos ou instintivos e, portanto, que acontecem abaixo dos níveis de consciência, são herdados, em sua maioria, mas também modificados, alterados pelo exercício constante de adaptação ao ambiente biótico e abiótico. Isso não exclui a fundamental importância da análise genética para o entendimento do comportamento de consumo do ser humano, porque os genes condicionam nossa estrutura física e mental, além de influenciarem também as emoções e os desejos, aspectos intimamente ligados ao nosso comportamento de compra. Nossa vida está ligada à genética desde a formação intrauterina até a nossa morte, influenciando as características que teremos quando jovens, quando adultos, e também controlando nosso relógio vital e nos predispondo a certas doenças na velhice. Ela influencia até por quem vamos nos apaixonar. Por que não estaria ligada ao nosso comportamento?

Os genes têm atuação no sistema nervoso, onde produzem certos processos que podem gerar comportamentos tanto diretamente, como também de forma indireta por intermédio de glândulas hormonais, como no comportamento sexual. Os neurotransmissores, influenciadores do comportamento e da personalidade, como a serotonina e a dopamina, têm na bioquímica das suas recaptações a influência da genética. Os genes estão presentes desde a formação desses sistemas, assim como de outros. Na verdade, genes codificam as proteínas que são importantes para o desenvolvimento, para a manutenção e a regulação dos circuitos neurais que são subjacentes ao comportamento. Teoricamente, o comportamento é dividido em duas categorias: instintivo e aprendido. O primeiro é o mais intimamente ligado à herança genética. O comportamento instintivo vem com o indivíduo, na sua bagagem genética, mas é desde cedo influenciado pelo ambiente, ainda quando está no útero, e por isso a dificuldade para separar, quantificar ou determinar graus de influência externa e interna. Acontece que o comportamento vai se formatando gradativamente, à medida que o sistema nervoso e cérebro se desenvolvem. No início, o desenvolvimento do cérebro está principalmente sob o controle de programas genéticos e outros fatores biológicos, mas, após o nascimento, o ambiente externo começa a ter uma importância crucial gradativa, sem anular as bases inatas. Na verdade elas se somam, se compõem e formam os padrões de comportamento tanto do sujeito como o de uma espécie toda.

Neste ponto, você pôde perceber que tanto os genes como o ambiente são importantes para o comportamento humano. Sem o ambiente físico, na concepção ecológica do termo, o organismo não poderia existir, porque é dele que extrai e obtém as matérias essenciais que o permitem crescer e sobreviver, como os nutrientes, oxigênio e água. Mas, sem os genes, um organismo também não poderia existir, porque não teria o mecanismo para extrair o que precisa do ambiente. Se pensarmos no ambiente externo, desta vez do ponto de vista genético, que envolve instituições como família, trabalho, amigos e daí por diante, o mesmo é verdadeiro, porque o ser humano ou o organismo se relaciona com seres bióticos e muitos deles são fundamentais para a sobrevivência do organismo. Basta ver a proteção maternal, nenhum animal, muito menos o ser humano que nasce com um cérebro pouco desenvolvido, sobrevive sem a proteção dos pais. Outro exemplo é o grupo que propicia e gera o comportamento de bando, que protege o animal e o humano dos predadores. Vemos, então, que no ambiente, em todos os sentidos a troca é fundamental para a expressão do comportamento.

Reprodução e sobrevivência, grandes motivadoras do comportamento de consumo do ser humano, estão muito mais ligadas à genética do que ao ambiente. Isso não quer dizer que o ambiente não influencie, seria uma loucura tal afirmação, mas, sim, que o instinto prevalece e dá um empurrão nos atos do indivíduo. E se o instinto se sobrepõe nessas ocasiões, a busca dos acionadores de tais comportamentos deve estar ligada à genética, ao cérebro, ao sistema nervoso. Os comportamentos inatos são de origem genética e com motivação defensiva ou reprodutiva. O grande salto do marketing deve ser buscar os processos subjacentes ou anteriores e motivadores do comportamento e não o comportamento em si. Portanto é preciso fazer o caminho inverso do que tem sido feito hoje, ou seja, deve-se entender os acionadores internos e como eles são estimulados, e não somente observar o ato final, a concepção behaviorista tradicional. Faz-se necessário buscar as raízes do comportamento e não só olhar para os movimentos das folhas na copa da árvore.

Os estímulos para os comportamentos instintivos normalmente vêm do ambiente, mas podem também vir ou ter origem no próprio organismo. As sensações de fome e sede são um grande exemplo de estímulos internos puramente. E ainda mais, esses estímulos podem vir da memória. Isso mostra que o sistema nervoso está programado geneticamente para alguns comportamentos inatos e específicos. E se não prestarmos atenção a esse fato ficaremos à margem do entendimento do comportamento do consumidor. São os genes que orientam o desenvolvimento biológico dos seres vivos, das populações, e são eles que participarão de toda a vida do indivíduo, permeando a sua ontogenia ou desenvolvimento, em que o genótipo (a carga genética), se expressará em fenótipo (a manifestação genética).

Todos os que estudam comportamento do consumidor precisam reconhecer e começar urgentemente a estudar a genética comportamental, porque existem 23 pares de cromossomos no ser humano e mais de 25 mil genes responsáveis pelas características físicas e que potenciam muitos aspectos comportamentais. Não se pode mais ignorar a influência da genética no comportamento, mesmo não tendo chegado a um ponto final ou a uma certeza absoluta. E, se reconhecermos essa influência, o comportamento de consumo não pode ficar fora dessa discussão. Diante de fatos e novas descobertas, percebo que a pesquisa do comportamento do consumidor deve ser explorada além das ciências sociais e econômicas, com vistas para a genética comportamental e para a psicologia evolucionista.

2. Genética comportamental

A genética comportamental é um campo relativamente novo, que pesquisa tanto a genética em si, como também as influências ambientais que vão contribuir para o entendimento do comportamento humano. Mas, a despeito do que possa parecer, não é uma tarefa nada fácil e está longe de ter chegado a conclusões finais e assertivas. Isso porque existe uma quantidade enorme de obstáculos científicos para correlacionar genótipo, que é a carga genética de um indivíduo, e um determinado comportamento. O que percebemos é que a ligação entre os genes e o comportamento humano vem ocupando cada vez mais espaço no pensamento e nos estudos da genética.

Uma grande razão para esses estudos é poder descobrir, por um lado, a cura de distúrbios comportamentais, como a esquizofrenia, o alcoolismo, as compulsões, os transtornos de humor, a impulsividade (este último ainda muito discutido) e por aí em diante. E, por outro lado, a razão da existência da genética comportamental é entender os agentes e os mecanismos, o que nos faz agir de determinada maneira inconscientemente, assim como as neurociências fazem e a endocrinologia comportamental também. Hoje, ainda está um pouco distante da nossa compreensão entender como os genes influenciam o comportamento, seja ele qual for, mas o objetivo dessa linha de pesquisa é atingir esse ponto. Isso tudo contando com as dificuldades todas em que a ciência esbarra, como a ação do ambiente conjuntamente com os genes, os níveis de neurotransmissores, de hormônios, e a atividade cerebral como um todo, que influem também no comportamento. Simultaneamente. Sem contar que, a cada dia, novas descobertas são feitas, outras são revistas e novos paradigmas surgem nesta relação entre a genética e o comportamento.

O mais difícil é isolarmos cada um desses fatores que citei para podermos afirmar qual deles influencia em cada momento específico. Esse também é o meu questionamento ao tomar a resposta oferecida pelo neuromarketing como um todo ou definitiva, pois outras ações ou motivadores incidem ao mesmo tempo em nossas atitudes. Certo é que o cérebro é o ponto final antes do comportamento, ele é quem manda o organismo agir, mas os processos subjacentes, que trazem as respostas dos "porquês", e o que realmente nos interessa, não está neste ponto somente, mas espalhado por glândulas endócrinas, pelo intestino, pelo sistema imunológico e pelos genes que comandam desde a construção ou formação desses sistemas até a sua atuação, desempenham um papel vital no desenvolvimento do corpo e da fisiologia e é por meio do corpo que o comportamento se manifesta. São ajustes automáticos para manter a homeostasia ou o equilíbro. E, se são automáticos, necessariamente não são conscientes, pois os sistemas agem quando for necessário e sem que saibamos disso. Portanto, concluímos que a genética comportamental é mais um dos lados dos vários pontos de vista apresentados no viés biológico, para tentar entender o comportamento do consumidor, que é um ser humano, um ser biológico. Como se dá a escolha, a decisão e o consumo de produtos, serviços e ideias depende de análises tradicionais já feitas atualmente, inclusive do neuromarketing, que vem despontando, e de outras que vão surgir com o passar do tempo, com a admissão da biologia como fundamental para entender o comportamento do consumidor.

As questões sobre a relação do comportamento humano com a genética têm ainda um longo caminho a percorrer até chegar a conclusões assertivas. O que a genética comportamental tem feito são estudos controlados sobre os fatores hereditários no comportamento humano em gêmeos idênticos, porque eles compartilham todos os genes um do outro e são, portanto, geneticamente semelhantes, além de fornecerem informações imprescindíveis. As pesquisas têm como base as semelhanças entre gêmeos idênticos que foram separados cedo na vida e criados em famílias diferentes. A partir de então podemos analisar que grau de influência tem o ambiente em que foram criados e qual a atuação dos genes no comportamento desses indivíduos biologicamente iguais. Têm sido feitos também estudos de crianças adotadas que são criadas em uma família, mas têm herança genética de outra. Em ambos os casos tenta-se identificar e mensurar as ações ambientais e as ações biológicas sobre o comportamento. Mesmo assim, esses estudos não mostram quais ou quantos genes são importantes para um certo comportamento, e de que maneira o afetam. É aí que os cientistas se voltam para os estudos em animais que podem estar em ambientes controlados, e aí sim, as diferenças genéticas podem ser reconhecidas e estudadas.

A lógica dos estudos em genética comportamental é a seguinte: nos casos de mesma genética (gêmeos idênticos) e de ambientes diferentes (criados por famílias diferentes), as diferenças comportamentais devem ser atribuídas a fatores ambientais; em casos de ambiente igual (uma família) e genética diferente (filho adotivo), as diferenças comportamentais devem ser atribuídas a fatores genéticos. O raciocínio se aplica às diferenças, e uma diferença genética pode se expressar num ambiente e não se expressar em outro.

Genes permitem aos organismos responderem e usarem o que está em volta no ambiente. Ao mesmo tempo, ambientes influenciam a ação dos genes. Esses conceitos já devem ter sido assimilados. Mas, antes de prosseguir, ainda é preciso deixar claro que o termo "ambiente" normalmente leva a uma confusão, porque existe um significado diferente em genética comportamental do que o que vem comumente à mente. Como um termo ecológico, "ambiente" significa o mundo físico à volta do indivíduo, composto por seres bióticos e abióticos. Como um termo genético, significa todas as outras influências além dos fatores herdados. As instituições como família, casa, trabalho e amigos são partes do ambiente externo no que se refere à genética. O ambiente interno para a genética são os nutrientes, as bactérias, toxinas e tudo o que afeta o corpo durante a existência pré-natal e pela vida toda. Dito isso, posso prosseguir com o assunto.

3. A genética e o comportamento de consumo

A genética chega ao comportamento do consumidor de maneira indireta, influencia a anatomia e a fisiologia do sistema nervoso, desde a programação da formação do cérebro e as redes de neurônios, e também a dinâmica cerebral, assim como a quantidade ou o nível de neurotransmissores. Estes últimos variam conforme a hereditariedade, o baixo ou o alto nível desses agentes químicos que fazem a comunicação entre as células nervosas nos provoca ou motiva a agir de uma forma ou de outra. Logicamente, tudo combinado com provocações ambientais e também orgânicas. O comportamento humano, que também tem como processo subjacente fundamental o sistema endócrino, depende dos hormônios, dos seus níveis, que por sua vez também são determinados (e aqui me permito usar esta palavra) pela hereditariedade genética. Nem todo ser do sexo masculino tem o mesmo nível de testosterona, e esse agente químico muda tudo no comportamento. Nem todo ser do sexo feminino tem a mesma quantidade de hormônios próprios. Nem o mesmo menino ou a mesma menina tem a mesma quantidade de hormônios durante a vida toda. É assim que os genes influenciam todo tipo de comportamento, e não diretamente, como se procura tanto. Os genes definem a quantidade desses agentes químicos, tanto neurotransmissores como hormônios, filogenética e ontogeneticamente, o que vai modificar o nosso comportamento durante nossa vida.

A genética é responsável pela hereditariedade, que por sua vez é responsável pelos níveis de agentes químicos orgânicos, que motivam o comportamento do ser humano. Esse é o caminho, e fica difícil associar diretamente uma ação nossa a um gene específico ou mesmo a um grupo deles. Muito se diz que o gene afeta a personalidade, mas pouco se sabe sobre isso. A endocrinologia pode chegar ao comportamento do consumidor por verificação de seus níveis.

Os neurotransmissores também podem nos dar essas notícias e, com eles, a atividade cerebral, cuja verificação podemos fazer por exames não invasivos, mas a genética ainda não nos dá essa oportunidade. Sabemos que está ligada, que influencia, mas tudo indiretamente, pelo sistema endócrino, o promotor do comportamento, e o sistema nervoso, o efetor do mesmo.

Hormônios afetam comportamentos quando usam o sistema endócrino para enviar mensagens para nosso sistema nervoso, que diz para o organismo o que fazer. A constituição física do indivíduo determina as mensagens que os hormônios distribuem pelo corpo, o porquê e quando devem ser enviadas. E, como sabemos, nosso *design* é determinado pela genética. Incluo aqui, na palavra *design*, a anatomia e a fisiologia do organismo. Os traços que herdamos dos nossos pais, metade da mãe, metade do pai e, ainda mais longe, dos nossos ancestrais, determinam nossa aparência física, que é, em grande parte, construída pelos hormônios do sistema endócrino. A hereditariedade é o plano e os hormônios executam esse plano.

Existe uma relação entre os genes e os neurotransmissores, substâncias químicas que fazem a comunicação entre as células nervosas, como a dopamina, a noradrenalina, a serotonina, e é aqui que vejo a ligação, mesmo que indireta, entre a genética e o comportamento de consumo. Os genes atuam diretamente na regulação desses agentes químicos, que por sua vez atuam diretamente no comportamento humano. Apesar de pensarmos sobre nossos genes muitas vezes em termos de traços herdados por nossos pais e que vamos passar para nossos descendentes, eles não têm somente esse lado, mas são muito ativos em nossa vida, atuantes no dia a dia do organismo, determinando como as várias células do nosso corpo se comportam. No cérebro isso é especificamente poderoso e para o comportamento também. Os genes atuam num nível micro, nas células que, em conjunto, vão influenciar o nível dos neurotransmissores, e por fim, no nível macro do corpo. No comportamento, por exemplo.

As principais descobertas dos pesquisadores em genética do comportamento relacionam os genes à regulação de mecanismos fisiológicos que mudam o comportamento, como impulsividade, vício de determinadas substâncias e até memorização. Por exemplo, estudos nessa área revelam uma forte associação entre alguns genes com o mecanismo de gratificação cerebral, ou circuito de recompensa, a via responsável pela sensação de prazer, que reforça os comportamentos prazerosos, inclusive o desejo de consumir. A área tegmental ventral e o *núcleus accumbens* são partes do cérebro relacionadas às sensações de recompensa e satisfação. Essas regiões são responsáveis pela liberação da dopamina, o neurotransmissor que media essas sensações. Os genes afetam a síntese, a liberação, o transporte e a captação de dopamina, consequentemente estão implicados no desenvolvimento de comportamentos. Uma experiência sobre vício de cocaína feita por Ian Maze, da escola de medicina de Monte Sinai, de Nova York, publicada em 2010, descobriu que o funcionamento de uma proteína chamada G9a tem como papel desligar os genes dos circuitos cerebrais ligados ao prazer. Tal proteína age no *nucleus accumbens*, estrutura cerebral onde se processa a sensação do prazer e que pertence ao sistema mesolímbico dopaminérgico.

O circuito de recompensa está diretamente ligado ao comportamento do consumidor. Neurocientistas descobriram que o apelo ou argumento "novo" é potente em nosso cérebro. A novidade ativa nosso centro de recompensa, que deve ter sido uma vantagem evolutiva para nossos ancestrais quando eles encontravam novas fontes de comida ou outros elementos que os ajudassem na sobrevivência. Nós não somos caçadores-coletores na acepção original do termo, mas a procura por novidades continua ativa para nos fazer sair em busca de novos produtos ou serviços atrativos. Os pesquisadores descobriram que ao fazermos escolhas pelas novidades, acendemos o *striatum ventral*, uma parte evolutivamente primitiva do cérebro e associada ao comportamento de recompensa. Os mesmos cientistas especulam que a dopamina seja liberada quando é feita uma escolha por uma novidade.

Assim, posso afirmar com tranquilidade que, se o circuito de recompensa é importante para o comportamento do consumidor, ele nos faz agir em prol da escolha de um produto, serviço ou ideia, e é acionado pela dopamina, a qual é afetada em sua síntese, em sua liberação, em seu transporte e em sua captação pelos genes, que a análise do comportamento do consumidor não pode de maneira nenhuma prescindir das pesquisas e das descobertas que vêm sendo feitas na genética comportamental.

Outra ligação indireta, mas que evidencia a ligação entre os genes e o comportamento do consumidor é a existente na relação da genética com a endocrinologia. Os hormônios afetam o comportamento de consumo e isso nós vimos no capítulo anterior. Eles fazem as pessoas consumirem mais ou menos, na medida em que se manifestam e promovem comportamentos, inclusive os de compra e consumo. Essas substâncias químicas corporais usam o sistema endócrino para enviar mensagens para o sistema nervoso, que, por sua vez, diz ao organismo o que deve fazer ou não. Isto é, indiretamente atuam no cérebro e dão início a alguns comportamentos. Por sua vez, nossa constituição física determina as mensagens que os hormônios vão enviar, quando e por que o farão, e o design do organismo é determinado pela genética, assim com a nossa fisiologia. Portanto, pela regulação hormonal, assim como fazem com a regulação de neurotransmissores, os genes indiretamente agem sobre nosso comportamento de escolha, tomada de decisão e consumo de produtos, serviços e ideias.

A ideia de buscar fora da pessoa os elementos que explicassem seu comportamento teve ênfase com as teorias de Rousseau, segundo o qual era a sociedade quem corrompia o homem. A concepção acerca da Personalidade (traços comportamentais) foi baseada na biotipologia, inicialmente estudada por Hipócrates, sendo baseada nas características comportamentais básicas dos indivíduos. Esse viés biotipológico se aproxima da genética para explicar que esta não está limitada exclusivamente a algumas características do indivíduo, como cor dos olhos ou da pele, estatura, ou seja, características físicas, mas também determina o modo de ele se relacionar com o mundo: seu temperamento, seus traços afetivos. Nessa visão, a biologia influencia os traços de personalidade, que são relacionados com os genes do sujeito, sem negar a participação do ambiente nessa composição. A fórmula da interação entre os fatores que formam a personalidade do sujeito é simples: FENÓTIPO (estado atual do indivíduo) = GENÓTIPO (patrimônio genético) + AMBIENTE (biótico e abiótico).

A ligação entre a personalidade e a genética é muito clara, a partir do momento em que temos evidências de que a personalidade humana se perpetuou ao longo da história dos hominídeos, e se formos mais a fundo, ao longo da existência de um ser vivo. Como sabemos, nós temos comportamentos ligados ao cérebro reptiliano e nele processados, que são idênticos num jacaré (sobrevivência, reprodução e comportamentos automáticos). São determinadas posturas existenciais tomadas diante e durante a vida, que acompanham nossa espécie através de inúmeras gerações, que só podem ter chegado até aqui pelas mãos dos genes. São essas tendências naturais do ser humano, conjunto de características psicológicas e comportamentais, que formam a personalidade típica da espécie, e por toda sua existência o sujeito é compelido a atender essas tais tendências naturais, basicamente as mesmas em todos nós.

Assim podemos dizer que a personalidade é composta de alguns elementos básicos da nossa filogenia e da nossa ontogenia. A primeira representando os genes que recebemos de nossos pais, dos pais deles e dos nossos ancestrais; a segunda representando a vivência de cada ser humano, intraútero e fora dele por toda a vida. A personalidade é a organização dinâmica de traços formados a partir dos genes herdados, das experiências que temos como seres vivos no dia a dia e das percepções que temos do mundo, capazes de nos tornar únicos na maneira de ser, sentir e nos comportar. Isso tudo envolve o ambiente em que vivemos, biótico e abiótico, e também as características do nosso organismo. É a composição entre eles que define a personalidade e, portanto, não se vê aqui também o tal determinismo.

O curioso e paradoxal é que, ao mesmo tempo em que somos diferentes uns dos outros, o que poderia dificultar uma pesquisa de comportamento do consumidor e não nos deixar chegar a conclusões, nós temos semelhanças como espécie, isto é, podemos verificar características comuns a todos os seres humanos. Existem elementos comuns que podem nos identificar como pertencentes à espécie humana, que são característicos da Natureza humana. Esses elementos comuns podem identificar padrões de comportamento, o que é fundamental para o marketing. Portanto, a análise genética associada à personalidade pode ser uma grande aliada para entendermos o comportamento de consumo.

A personalidade está sendo tratada aqui porque é o que aproxima a genética do comportamento de consumo. A genética influi na personalidade, que por sua vez influi no comportamento de compra. Como não temos ainda estudos específicos sobre a genética do consumo ou do comportamento do consumidor, busco possíveis ligações, como fiz a ligação entre os genes, os neurotransmissores e o sistema de recompensa. Essas hipóteses aqui levantadas podem dar início à "genoeconomia" e ao "genomarketing". Mas sempre deixo claro que são hipóteses, pois nenhuma dessas situações foi pesquisada ainda. Se a genética comportamental está no início, imagine o tempo que levará até chegar ao comportamento do consumidor.

Um exemplo de gene associado a uma característica normal da personalidade é o gene da procura de novidades DRD4, que foi o primeiro que se identificou com influência na neurotransmissão e na variação da personalidade humana. O gene possui uma sequência de 48 pares de bases que se repetem de duas a oito vezes e codificam um receptor da dopamina. Encontra-se expresso em grande quantidade no sistema límbico e influencia o caráter dos portadores, tornando-os pessoas temperamentais, impulsivas, excitáveis e extravagantes.

Segundo as investigações da equipe do geneticista Dean Hamer, publicada em 1996, os indivíduos que possuem mais repetições de alelos desse gene são os mais curiosos. Como têm menos capacidade de reter dopamina, procuram constantemente novidades, como forma de estimular a liberação do neurotransmissor. A descoberta desse gene e a revelação de seus efeitos provam que os traços de personalidade, tal como as emoções, estão à mercê da influência de genes moduladores da função cerebral.

Em psicologia, *novelty seeking* (NS) é um traço de personalidade. É mensurado pelo questionário de personalidade tridimensional, assim como mais tarde surgiu o inventário de temperamento e caráter. Sugere-se que o NS está relacionado com a baixa atividade de dopamina.

Os traços de personalidade humana podem ser confiavelmente mensurados e mostram um componente hereditário. Existe um questionário que foi elaborado por Cloninger para mensurar quatro domínios distintos do temperamento – *novelty seeking*, dependência da recompensa, persistência e evitamento de danos – que por hipótese baseiam-se em neuroquímicos e genéticos substratos distintos. Cloninger propôs que a variação individual no traço de NS é mediada pela variabilidade genética na transmissão de dopamina. Sujeitos com pontuação mais alta que a média na escala de procura de novidade TQP são caracterizados como impulsivos, exploradores, volúveis, irascíveis, irritadiços e extravagantes. Enquanto aqueles que pontuam abaixo da média tendem a ser reflexivos, rígidos, leais, estoicos, mal-humorados e frugais.

Sabemos que a transmissão de dopamina é conhecida por desempenhar um papel importante no sistema de reforço do cérebro. Estudos têm identificado genes do sistema de dopamina que estão ligados com a intensidade de traços psicológicos, refletindo a tendência de comportamentos caracterizados por impulsividade e necessidade de estimulação adicional.

As funções da dopamina dependem de uma média significativa na densidade de receptores dos neurônios pós-sinápticos. Receptores da dopamina D4 (DRD4) são interessantes do ponto de vista das características comportamentais. A densidade desses receptores é mais elevada no sistema límbico do que no córtex anterior.

Assim, vários estudos têm relatado uma associação entre as variantes genéticas de DRD4 e tal traço de temperamento, como extroversão e busca de novidades. Esses são traços psicológicos que refletem a abertura e a atividade da vida de um indivíduo e suas tendências para assumir riscos e alterar seus pontos de vista. Extroversão indica um direcionamento primário da personalidade para outras pessoas e as condições externas e eventos. Pessoas com esse traço de altos níveis de busca de novidades não toleram um modo de vida monótono e buscam o novo e coisas inéditas e incomuns. Praticam esportes perigosos e apresentam comportamento antissocial em grande escala, tabagismo e consumo de álcool. Já as pessoas com baixos níveis desse traço são conservadoras e estão dispostas a seguir regras.

Pesquisadores revelam que *novelty seekers* têm menos de um tipo particular de receptor de dopamina, que os pode conduzir à procura de novidades e experiências excitantes, como gastar descontroladamente, arriscar-se e viver como se não houvesse amanhã.

Encerro este capítulo com a absoluta certeza de que temos motivos de sobra para acreditar que os genes influenciam, mesmo que indiretamente, o comportamento do consumidor. E que é mais do que necessário começar a fazer pesquisas nessa área ainda insipiente ou mesmo inexistente neste momento em que escrevo. Será mais uma das frentes biológicas da pesquisa do comportamento de consumo e a tentativa de trazer aquela visão holográfica que tanto defendo. Mas, veja bem, nunca é demais lembrar que tudo isso deve ser feito com muita responsabilidade e seguindo os princípios da bioética. Não me preocupa exageradamente a falta de ética do ser humano inescrupulóso, porque não é a genética que vai dar a resposta definitiva, nem a endocrinologia, assim como não é o neuromarketing que dá hoje. Essas novas pesquisas podem ajudar muito a entender os comportamentos compulsivos de compra promovidos por heranças genéticas, e poderão auxiliar muitas pessoas.

BIBLIOGRAFIA

BAKER, Catherine.Behavioral Genetics: An introduction to how genes and environments interact through development to shape differences in mood, personality, and intelligence. Disponível em: http://www.aaas.org/spp/bgenes/publications.shtml. Acesso em: 06/01/2009

BIXLER, Ray H. (2010).Living With Our Genes: Why They Matter More Than You Think. Disponível em: findarticles.com/p/articles/mi_m2372/is_4_35/ai_53390358/. Acesso em: 23/05/2010

BRANDON, Kein. Brain Scanners Can See Your Decisions Before You Make Them. 13/04/2008. Disponível em: http://www.wired.com/science/discoveries/news/2008/04/mind_decision. Acesso em: 18/02/2009

CARROLL, S.B. (2008) Evo Devo and an Expanding Evolutionary Synthesis: A Genetic Theory of Morphological Evolution. Cell 134: 25-36

COOK, Gareth. Estudos sobre os genes lançam luz sobre a evolução. Disponível em: http://noticias.uol.com.br/midiaglobal/boston/2006/03/14/ult583u285.jhtm. Acesso em: 18/12/2009

6 Evolução e comportamento

1. Evolução Biológica

Para começar este capítulo, preciso quebrar mais um preconceito, desmistificar o sentido coercitivo de evolução. Evolução biológica não quer dizer a primazia de um ser sobre o outro, mas somente melhorias anatômicas, fisiológicas e comportamentais, para uma maior eficiência do organismo no processo de adaptação a um ambiente em transformação constante. As bactérias e outros seres unicelulares são tão desenvolvidos quanto nós ou ainda melhores, pois sobreviveram até hoje e nos são contemporâneos. Quantas espécies foram extintas até hoje! Várias espécies de hominídeos, que supomos ser "mais evoluídos" do que outros animais, pela anatomia cerebral e capacidade do sistema nervoso em geral, acabaram-se. Bactérias existem aqui na terra muito antes de nós, e ainda vivem bem por sua capacidade de adaptação ao ambiente. Isso significa que têm sistemas nervosos mais bem adaptados do que os nossos, pois se transformam rapidamente. Provas vivas desse fato são os vírus, mutantes que se adaptam a novas situações mais rapidamente do que nosso organismo.

Numa visão nada antropocêntrica encontrada com frequência neste livro, percebo que nós, seres humanos, somos menos evoluídos que outros animais em vários aspectos. Eles vêm de milhões de anos, e nós, na forma atual, *Homo sapiens*, temos "apenas" entre 20 mil e 30 mil anos. As ossadas mais antigas da nossa espécie que foram encontradas datam dessa época. Bactérias, répteis, mamíferos de várias espécies e símios são mais antigos que nós e ainda sobrevivem, portanto só posso concluir que são organismos mais eficientes. Não há motivos para ver a evolução com olhos preconceituosos, como se faz com frequência, principalmente quando a visão parte das ciências sociais. A evolução é um fato, nos faz diferentes, mas se nos ativermos aos detalhes e tirarmos os óculos do preconceito e do antropocentrismo, também perceberemos muitas semelhanças entre o ser humano e os animais, principalmente no que se refere ao comportamento. É a biologia, via genética, via hormônios, via neurotransmissores e processamentos dos sistemas nervoso e cerebral, que guia comportamentos, e nessas áreas nós temos inúmeras semelhanças com os outros animais.

A biologia evolutiva é uma subárea da biologia, que estuda a origem e a descendência das espécies, e também suas mudanças ao longo do tempo. Ela é importante para este livro porque traz em seu cerne vários fundamentos que justificam a Biologia do Comportamento do Consumidor. Para provar que muitos de nossos comportamentos, inclusive o de consumo, são irracionais, inatos, eu vou buscar provas no comportamento dos animais, porque se eles agem de maneira específica e parecida com a nossa, se os processamentos cerebrais são semelhantes ao escolher e tomar uma decisão por um alimento ou uma ferramenta, eles têm comportamento enquanto consumidores e é de ancestrais em comum com eles que herdamos tais maneiras de agir. Por esse raciocínio é que a biologia evolucionista é fundamental para a Biologia do Comportamento do Consumidor, e com ela, a psicologia evolucionista.

As evidências da evolução biológica não podem mais ser evitadas, por mais que os criacionistas tentem. Não há como rejeitar as evidências que estão nos museus, nas análises genéticas, nas semelhanças orgânicas encontradas em seres ainda viventes. Uma forma de apresentarmos as evidências são os registros fósseis que fornecem indícios de ancestralidade entre os seres deste planeta. A análise de estruturas análogas e homólogas é outra forma de apresentarmos evidências ou provas, cujas bases são os aspectos morfológicos e as formas, e mostram semelhanças na anatomia e na fisiologia dos seres vivos, comprovando que existe um padrão similar na estrutura dos sistemas de órgãos. As estruturas análogas são aquelas que desempenham a mesma função, mas possuem origens diferentes, isto é, não são derivadas das mesmas estruturas e as estruturas homólogas são os sistemas ou órgãos que possuem origem embrionária semelhante, podendo desempenhar a mesma função ou mesmo diferentes funções, como um braço humano e uma nadadeira de uma baleia. É fundamentalmente da homologia que surgem as provas mais evidentes para a confirmação da minha hipótese da Biologia do Comportamento do Consumidor. Se temos órgãos e sistemas análogos, sem dúvida teremos a fisiologia ou o processamento nervoso semelhante. E além de tudo isso, as substâncias químicas que promovem nossa motivação, os neurotransmissores e os hormônios, são também as mesmas.

Mais uma evidência da evolução biológica são os órgãos vestigiais, pouco desenvolvidos e sem função expressiva no organismo, sem os quais podemos viver nos dias de hoje, mas que devem ter sido importantes para nossos ancestrais. Só não desapareceram ainda porque a evolução biológica é lenta e não acontece num tempo que podemos presenciá-la. A definitiva e derradeira prova do fenômeno da evolução tem como base a genética, pois muitos de nossos genes são encontrados em outros animais e vice-versa. Daí eu me pergunto: se há uma semelhança na anatomia, fisiologia e na genética, por que não haveria no comportamento, que é produzido pela fisiologia e guiado em algum percentual pela genética?

Um dos princípios da biologia evolucionista é a adaptação, significando que todos os seres vivos que estão aqui se ajustaram ao ambiente externo. Dito de maneira diferente, o ser vivo está sempre se adaptando ao ambiente para poder sobreviver. Aqui entra a função do sistema nervoso, que é captar as mudanças do ambiente externo biótico e abiótico, interpretá-las e produzir ações internas no organismo, para que este possa continuar vivo. Se a adaptação é uma ação do organismo, via sistema nervoso, o comportamento é nada mais do que a manifestação do ato de se adaptar. Por isso é tão fundamental ligar a biologia evolucionista ao comportamento do ser humano como consumidor.

2. Evolução humana e comportamento

A partir deste momento quero fazer a ponte entre o início do livro em que falo sobre o comportamento animal e o comportamento humano, mostrando que o comportamento econômico é animal e herdado pelo ser humano, aperfeiçoado por ele, mas não inventado por ele. A maquinaria cerebral e corporal está preparada para lidar com aspectos econômicos da vida, como o metabolismo, por exemplo. Isso tudo acontece via genética, pois genes carregam a informação ancestral ou filogenética. Se, além dos organismos, os animais são programados para entender a economia, ela, repito, está impregnada em nossos genes, em nossa fisiologia, na química corporal, e portanto, é algo natural e instintivo, processada, muitas vezes, sem consciência, e por consequência gera atos que, sem que saibamos explicar ou mesmo justificar, nos fazem ter comportamentos inicialmente inexplicáveis ou fora de padrão. A meu ver, a maioria dos nossos atos econômicos é irracional, tem, no fundo, motivações físico-químicas que, no final, visam à proteção do corpo, isto é, à sobrevivência e à reprodução, que nada mais é do que a sobrevivência dos nossos predecessores, dos nossos genes.

O que nos separa dos animais é o aspecto cognitivo mais avançado, nosso córtex cerebral, região do pensamento, planejamento, da visão de futuro, que é maior do que dos outros animais, mas a base cerebral para comportamento econômico e de consumo na verdade não está no córtex, mas distribuída por todo o cérebro, inclusive no sistema límbico, que processa nossas emoções, e também no "complexo R" em que se processam os comportamentos ligados à sobrevivência e à reprodução. Nos últimos cinco a oito milhões de anos, quando nossa espécie separou-se dos chimpanzés, nosso cérebro tornou-se três vezes maior que o daqueles primatas. O crescimento se deu em função da expansão do córtex, e recentemente descobriu-se um gene, conhecido como HAR1F, que está envolvido no processo de desenvolvimento do cérebro humano e pode estar ligado a diferenças físicas que acabam resultando em maior capacidade cognitiva. Cientistas descobriram que a versão humana do gene HAR1F sofreu 18 alterações no período pós-separação com o chimpanzé. Isso indica maior capacidade de raciocínio e consciência, mas por outro lado, não indica que somos totalmente racionais e maximizadores economicamente, como pregam os economistas ortodoxos, e nem que temos consciência de todos os nossos gatilhos ou botões motivadores, os quais nos fazem agir de determinada maneira. Muito pelo contrário, nos mostra que as diferenças genéticas são poucas e as semelhanças, muitas, comprovando que temos muito do aspecto animal em nossos comportamentos.

Como já havia dito, o comportamento é o resultado de influências biológicas e ambientais, e a exemplo dos órgãos e sistemas corporais, é também produto e instrumento do processo de evolução, o que significa afirmar que ele tem função adaptativa e possui algum grau de influência genética. Assim, assumimos que é necessariamente produto da evolução filogenética. O que quero dizer é que a origem do comportamento não está somente na ontogenia ou na nossa história de vida e nas interações do indivíduo com seus pares, desde que nasce e durante o seu desenvolvimento, ou mesmo na vida intrauterina, mas também durante a filogenia, que data de muitos e muitos anos atrás, que vem das experiências vividas por nossos ancestrais, na tentativa de se adaptar, sobreviver e reproduzir. E quando digo ancestrais, não me refiro somente aos mais próximos ou aos hominídeos, mas desde os mais antigos, antecessores deles. O conhecimento da evolução filogenética do sistema nervoso central nos dá condições de inferir cientificamente as correlações entre as estruturas cerebrais que se desenvolveram ao longo do processo evolutivo e o comportamento dos seus respectivos proprietários.

Nos anos de 1980 começaram a surgir textos que tentavam explicar alguns comportamentos humanos como processos aprendidos e geneticamente consolidados ao longo da evolução da nossa espécie. Nessas explicações aparecia a hipótese e também uma certeza de que teríamos herdado comportamentos automáticos ligados à preservação da espécie, à sobrevivência e à reprodução. A etologia, estudo do comportamento animal, colaborou muito com os novos conceitos que surgiram, desde então, trazendo novas perspectivas para o entendimento de comportamentos inexplicáveis. Em economia essas novas perspectivas surgiram com os estudos das finanças comportamentais e da economia comportamental, onde se encaixa o comportamento do consumidor. Essa última mostrando que muitas vezes temos comportamentos que antes eram inexplicáveis pela economia ortodoxa e que agora são compreensíveis à luz daquela nova ciência que tem como base a biologia.

O que a evolução deixa como legado para a análise do comportamento humano são os modelos de conduta que, segundo psicólogos evolucionistas foram estabelecidos na Pré-história. Houve uma evolução social, uma evolução cultural, mas ainda continuamos agindo como nossos ancestrais, porque nosso motivo e maneira de agir estão diretamente ligados à adaptação. Outro fato que sempre mostro em neurociências é que temos camadas cerebrais que compartilhamos com símios, com mamíferos e ainda com répteis, e mais, temos genes que compartilhamos com outras espécies, inclusive peixes, aves, ratos e por aí em diante. Para os psicólogos evolucionistas, a programação inata constitui um fator determinante para explicar o porquê do nosso agir.

O incômodo para o ser humano, nessa perspectiva evolucionista, é o aspecto moral, a possível perda de liberdade por causa dos comportamentos inatos e nem sempre conscientes e controlados. Acrescentemos a isso a possibilidade de sermos comparados a outras espécies de animais, vistas por nós como "inferiores", o que não é verdade. Não aceitamos compartilhar comportamentos, porque ainda erroneamente nos vemos como seres "superiores", outro engano óbvio.

Do ponto de vista da biologia evolucionista e de todas as ciências que levam em consideração a vida ancestral, como a psicologia evolucionista, as características comportamentais estão sujeitas à evolução por seleção natural e sexual. As excitações ambientais que nos motivam a agir, as ameaças, as oportunidades externas mudaram, nossos predadores não são mais os mesmos, a sociedade, a cultura e a tecnologia evoluíram rapidamente, mas a anatomia e o processamento cerebral, que contém as instruções para o nosso comportamento, ainda possuem muito dos nossos ancestrais. Mesmo porque, como sempre justifico, a evolução biológica é bem mais lenta do que a evolução social e cultural. O que precisa ficar bem esclarecido é que o estudo do comportamento não pode ser reduzido somente ao observável no momento, mas sobretudo, devemos levar em consideração a filogenia ou a história da espécie. Não podemos apenas lançar um olhar míope para a ontogenia ou para a nossa história e sua relação com o ambiente, mas devemos olhar nosso passado evolutivo, pois temos ancestrais que, por sua vez, transmitiram para nós genes, e com eles, proteínas que influenciam nos níveis de neurotransmissores e hormônios, que vão influenciar no comportamento humano e, finalmente, de consumo.

Se, como nos mostra Steven Pinker, não somos uma tábula rasa, as informações com que nascemos são, em parte, do ambiente interno do nosso corpo em formação, do ambiente intrauterino, do ambiente externo que já sentimos e também da hereditariedade e ancestralidade. Logo de início, quando nosso corpo está se formando, a constituição dos órgãos e sistemas, parte por parte, é uma informação ancestral, porque não vem do ambiente externo e nem dos nossos pais, mas de milhões de anos atrás. São características que não têm influência puramente ambiental nem somente hereditária, mas da nossa espécie e de outras espécies ancestrais também. E isso afeta nosso comportamento de seres vivos e de membros da espécie humana. O ambiente intrauterino também atua em nosso comportamento enquanto estamos em formação e no futuro, porque leva informações hormonais da mãe para nós, feto em desenvolvimento, via corrente sanguínea. Da mesma forma, o ambiente externo nos afeta quando estamos em processo de formação e age sobre nosso comportamento atual e futuro, pois o que a mãe percebe é passado para nós. Prova disso é o coração de um feto acelerar quando uma buzina é acionada. A hereditariedade também influi em nosso comportamento por meio da personalidade, e por fim, e mais importante neste ponto, é a ação da ancestralidade que se nota já na formação do tubo neural. Ela é uma "instrução" para formação do sistema nervoso, principal responsável pela geração do nosso comportamento. O que prova isso é que somos, até os primeiros dias de vida, idênticos a outros animais.

Na verdade o comportamento pela visão da biologia evolucionista é a soma dos instintos, que são inatos e muitas vezes inconscientes e do aprendizado, que se dá, via sistema nervoso, no contato do indivíduo com o ambiente externo biótico (vivo) e abiótico (não vivo). As ciências que entendem o comportamento pelo viés evolutivo não eliminam nem desconsideram a influência ambiental no comportamento dos sujeitos. Mesmo o aprendizado é biológico e tem função adaptativa e, portanto, é um item de fundamental importância para a biologia evolucionista.

A etologia é o estudo do comportamento animal, que nos ajuda no entendimento do comportamento humano. A contribuição dessa ciência, tão brilhantemente representada por Konrad Lorenz, para o entendimento do comportamento humano é fundamental e complementar. Há possibilidade de utilização de resultados que são obtidos nas pesquisas de comportamento animal para complementar, confirmar e aprofundar as descobertas sobre o comportamento humano. Outra utilidade é que, quando a experimentação com humanos é impossível ou eticamente proibida, como acontece com os estudos de isolamento social em símios, chimpanzés e bonobos, a etologia tem uma serventia grande. Não é possível transpor os resultados das pesquisas de comportamento em etologia diretamente para o comportamento humano, pois existem diferenças entre espécies, como também semelhanças estruturais, anatômicas e fisiológicas cerebrais, assim como hormonais e genéticas. Podemos, cientificamente, como é feito com ratos, usar experimentos e seus resultados para inferir comportamentos humanos. Basta que comecemos a realizar e reconhecer que somos animais, como disse, com diferenças e muitas semelhanças, por termos a mesma origem e ancestrais comuns.

Desde o seu surgimento, a etologia tem o objetivo de estudar os comportamentos inatos nas diversas espécies em ambiente natural, que é exatamente o meu objetivo com a Biologia do Comportamento do Consumidor. Aquela ciência nos ajuda a superar vários entraves que foram colocados com o decorrer do tempo no entendimento da verdadeira Natureza do ser humano. Auxilia também com a derrubada do preconceito e do antropocentrismo, e, ainda mais, ajuda a superar as concepções das ciências sociais, que comumente separam fenômenos que devem ser vistos de forma única e integral, como: o inato e o aprendido; o humano e o animal; o biológico e o social. É por tudo isso que devemos reconhecer o quanto a etologia tem contribuído para a compreensão do comportamento humano, daquelas atitudes desconhecidas e inicialmente sem sentido.

Se evoluímos e somos ancestrais, não descendentes, de outros seres vivos, não há porque desconsiderarmos o estudo do comportamento animal e não o trazermos para o entendimento do comportamento humano. A embriologia nos mostra isso. E se temos anatomia compartilhada e fisiologia também, por que não teríamos comportamentos compartilhados, ligados à sobrevivência e à reprodução, que são objetivos básicos de todos os seres vivos deste planeta?

3. Psicologia evolucionista, hereditariedade e comportamento

O objetivo deste capítulo é apresentar a ciência chamada psicologia evolutiva ou evolucionista (prefiro e vou usar o segundo termo, para não confundir com a psicologia que trata da evolução do indivíduo) e como os pesquisadores nessa área atuam, para procurar entender a mente humana como produto de processos físico-químicos biológicos e evolutivos, e mais do que isso, a influência dos nossos ancestrais em comportamentos humanos, que foi modificada, mas certamente não anulada, pela evolução das sociedades humanas. Essa é mais uma tentativa de integração entre as ciências biológicas e as ciências sociais, que venho fazendo desde o começo deste livro.

Segundo Ricardo Waizbort, "O neodarwinismo atual, que é uma das bases teóricas da psicologia evolutiva, saberia equilibrar mais a relação entre benefícios e custos das adaptações". Ele se refere às bases dessa ciência como um equilíbrio, uma mistura e uma síntese entre o darwinismo, que trata da seleção dos mais aptos, e o mendelismo, que está diretamente ligado aos conceitos da genética. A visão genética é muito importante nos estudos da psicologia evolucionista, porque os genes possuem informações químicas que são reproduzidas a cada geração e muitas delas são as mesmas desde os primórdios dos hominídeos e, mais, desde antes de nos tornarmos tais criaturas. Percebemos isso nos genes que compartilhamos com os chimpanzés, com outros símios, com cavalos, galinhas e até com seres unicelulares. Os genes são a ligação que temos com nossos antepassados e com animais, ainda nos dias de hoje. Na verdade, acredito que são o elo que nos levará a entender nossos comportamentos encobertos e inconscientes, por meio de pesquisas com animais e seres humanos, mediante o uso dos métodos da genética comparativa.

Eu me arrisco a dizer que a cultura, a tecnologia e a sociedade moldaram e podem explicar alguns comportamentos que têm processamento no neocórtex e parte no sistema límbico, mas não pode explicar nem esclarecer, sem a ajuda da biologia, as profundezas do cérebro, onde se encontram os processamentos de sobrevivência e reprodução, que estão enraizados no complexo R, ou cérebro reptiliano. Acredito que somente com ajuda da psicologia evolucionista, da genética comportamental, da endocrinologia comportamental, das neurociências e até da etologia, é que poderemos chegar neste ponto.

Precisamos lembrar sempre que o cérebro evolui muito mais lentamente do que a cultura, a tecnologia ou a sociedade, portanto, muitos dos mecanismos que acionam nosso comportamento estão ainda vinculados a um cérebro ancestral. O neocórtex planeja, é a área executiva do cérebro, mas não é a área que aciona a decisão, não é a parte do cérebro que decide sozinha. O sistema límbico também não. A função e o propósito do primeiro é pensar sobre a decisão, e a do segundo é sentir, verificar o que chamamos de *gut feeling*, ou presentimento. Mas, repito, nem um deles é o tomador de decisões, porque toda vez que um indivíduo toma uma decisão, esta é feita pelo "complexo R", que compreende o topo do tronco encefálico e amígdala, centros relacionados com a regulação de comportamentos. Alguns chamam de cérebro velho, outros, de cérebro reptiliano. Os cientistas estão demonstrando que todas as vezes que tomamos decisões é essa parte do cérebro que é invocada e dispara a decisão. Portanto, precisamos buscar na paleontologia, na paleoantropologia, na arqueologia e na etologia as respostas para aqueles comportamentos nada racionais.

A psicologia evolucionista trata da Natureza humana, tentando demonstrar o componente biológico no comportamento. De acordo com a *Enciclopédia e Filosofia de Stanford*, a psicologia evolucionista é uma abordagem biológica para o estudo do comportamento humano. Em outras palavras, ela e seus estudiosos acreditam que o comportamento pode ser explicado por mecanismos internos que desenvolvemos através do tempo, do processo de seleção natural e sexual. Eu tento aproximar essas descobertas da ciência do consumo. Os pesquisadores da psicologia evolucionista pressupõem que o ser humano tenha sido preparado para viver no inóspito ambiente da savana africana, desde que desceu das árvores onde a nossa espécie surgiu. Isso porque o cérebro, que coordena e aciona o comportamento, também foi moldado para tal ambiente. Assim, para poder entender o ser humano e suas ações é mais do que fundamental buscar o elo, reconstruir o passado e trazê-lo para o presente. Isso foge do modelo clássico das ciências sociais, que separa os aspectos culturais dos biológicos, esquecendo-se de que todo comportamento tem como seu processador o cérebro.

Para as pesquisas em psicologia evolucionista a inferência é muito importante, mas de cunho científico, onde há a dedução com base em dados, por meio de raciocínio científico, e não aleatório e especulativo. Mesmo porque as mudanças evolutivas, fatos comprovados, são invisíveis à observação direta, pois ocorreram muito tempo atrás e de maneira extremamente lenta para ser observada por algumas gerações. Não é como a evolução cultural que pôde ser observada e anotada. A evolução biológica está escrita nas pedras, através dos fósseis humanoides e seus objetos, no comportamento dos animais, no DNA de seres humanos e animais, em que pesquisas feitas pela arqueologia, paleontologia, pela genética comparada e até pela etologia, podem comprovar os caminhos tomados por uma ou várias espécies de seres vivos. Vestígios foram deixados e são confiáveis como provas desses passos. A evolução, como diz Dawkins, "está dentro de nós, à nossa volta e entre nós", pois existem registros fiéis que demonstram a cientificidade das inferências.

A psicologia evolucionista tem suas bases nas ciências naturais, na teoria evolutiva de Darwin, na genética mendeliana e em outras ciências que lhe fornecem uma rigorosa base científica. Aliás, as pesquisas genéticas têm ajudado muito a elucidar várias questões evolutivas do comporamento humano, assim como as experiências feitas com animais, especialmente com chimpanzés e bonobos, pois estes são os mais próximos da nossa espécie. E se um símio dessas espécies age de determinada maneira, isso nos dá pistas do nosso passado, de como agíamos há milhões de anos e o que conservamos até hoje. Essas espécies são uma das pontes entre nós e nosso passado. As pesquisas com chimpanzés, bonobos e outros símios são feitas em nível genético e em nível comportamental e confirmam, pelas inferências científicas, que o comportamento humano tem muito de comportamento animal.

O cérebro triuno é a grande e irrefutável prova de que existe uma ligação nossa com ancestrais hominídeos. Esse fato, relacionado à anatomia e à fisiologia, é que nos dá uma pista de como agimos milhões de anos atrás. A prova de que é possível analisar o comportamento humano em comparação com o dos outros animais, pelas mãos da psicologia evolucionista, é que nós conservamos de nossos ancestrais e compartilhamos com eles, algumas caracteríticas físicas e fisiológicas cerebrais, área que comanda o comportamento.

As novas descobertas fósseis e outras ferramentas importantes como as usadas pela genética, têm iluminado, ou melhor, criado a "ponte" entre um passado distante. A reconstrução de climas, movimentos continentais e a busca incessante por minúsculos óssos estão dando a cientificidade de que a piscologia evolucionista precisa para se tornar cada vez mais crível. Como disse, se nossos cérebros têm áreas e processamentos similares, e através da genética comparada podemos verificar que o reservatório gênico não é tão diferente, podemos inferir cientificamente que o comportamento também é similar, eu diria até idêntico, em muitos aspectos, principalmente no que se refere à reprodução e à manutenção da vida ou sobrevivência (comportamentos automáticos). Se a genética influencia: 1) a formação do organismo, inclusive do cérebro, pois quando estamos em fase embrionária somos muito parecidos uns com os outros; 2) a produção de neurotransmissores como a dopamina (diretamente ligada ao comportamento); 3) os níveis de hormônios (que têm a hereditariedade por trás), que por sua vez também influenciam diretamente no comportamento do ser humano e dos animais, não é de se estranhar que tenhamos algumas reações às provocações ambientais (comportamentos) iguais.

Todos nós fugimos dos predadores, como sempre fizemos. O que muda entre as espécies e entre diferentes épocas da mesma espécie são os predadores, não o processamento cerebral do medo e da fuga. Este é exatamente o mesmo, feito nas mesmas áreas cerebrais, promovido pelos mesmos neurotransmissores que disparam sinais para as mesmas glândulas liberarem os mesmos hormônios. A fisiologia e a anatomia do comportamento são as mesmas, seja em um réptil, em um mamífero, símio ou ser humano. Isso se dá porque as estruturas básicas e químicas que se processam e geram comportamento são as mesmas.

Não há o que negar, pois quanto mais partimos para análises micro e orgânica dos processos subjacentes e disparadores do comportamento, para dentro do organismo, deste para os órgãos e sistemas, e daí para as células, percebemos que somos compostos dos mesmos materiais físico-químicos e temos as mesmas formas de processar a informação que vem dos ambientes externo e interno. Isso só vem a corroborar a cientificidade das inferências nesta área. Podemos até contestar alguns achados da psicologia evolucionista, mesmo porque há muita bobagem sendo dita por irresponsáveis, mas não podemos negar que existam comportamentos iguais entre animais e seres humanos. Seria demasiado antropocêntrico imaginar que nada temos de primitivo, que em nada nos assemelhamos aos outros seres do reino animal.

4. Psicologia evolucionista e o comportamento de consumo

A psicologia evolucionista ou psicologia Darwiniana procura demonstrar que os modelos de conduta humana foram estabelecidos na Pré-história, por hominídeos. Essa ciência, com mais ou menos 20 anos de existência, busca explicações para o comportamento humano na mente de nossa espécie, isto é, em nossos ancestrais. Mas o meu objetivo, com a Biologia do Comportamento do Consumidor é buscar a explicação bem antes disso, nos animais, com os quais tivemos ligados muito antes de surgir o *Homo sapiens*, e seu comportamento de consumo. Mas a diferença entre a psicologia evolucionista e a Biologia do Comportamento do Consumidor é que a segunda teoria busca evidências bem antes do aparecimento da nossa espécie e, para isso, usa fundamentalmente a etologia e a genética na intersecção entre o comportamento humano e de outros animais. Se um dia fomos uma espécie só, certamente temos bastante em comum. Já sabemos, pelos estudos de genética comparativa, que com os chimpanzés compartilhamos 98,9% dos genes; com os camundongos, 95%; com as galinhas, 60%; com as minhocas, 50% dos genes, compartilhamos também 40% dos nossos genes com as vespas nasonia e, mais do que isso, 25% dos nossos genes estão presentes em todos os seres vivos. Os genes influenciam no comportamento humano e, nessa ligação entre os nossos genes e dos outros seres vivos, está a minha hipótese de que eles têm comportamento econômico e de consumo, que estão ligados à sobrevivência e à reprodução.

Cada uma das espécies de animais, incluindo o ser humano, tem um ancestral em comum com cada uma das demais. Veja bem, eu disse um "ancestral" e não um "descendente", isso implica enfatizar o fato de que não descendemos dos animais que citei no parágrafo anterior, mas temos um ancestral comum entre nós. O macaco é uma espécie e nós somos outra, eles nunca foram humanos ou nós macacos, portanto, nossos descendentes são hominídeos e não símios, mas temos uma história filogenética comum antes de surgirem os símios e os humanos. O mesmo acontece entre nossa espécie e a dos ratos, a das galinhas e por aí em diante, com todos os animais. Isso mostra que não somos mais ou menos desenvolvidos comparativamente como supõem, fundamentalmente, os cientistas sociais tracionalistas e advogados da Standard Social Science Model (SSSM) para justificar a existência da ciência social por si só.

"Nenhum animal moderno deve ser mais primitivo do que qualquer outro", disse sabidamente Richard Dawkins. As espécies mudaram em graus diferentes, mas evoluíram para se adaptar ao ambiente. Nenhuma delas parou no tempo. Umas com sistema nervoso mais complexo, outras menos complexas, mas se todas existem até hoje é porque têm o referido sistema sabiamente adaptado para a sobreviência e a reprodução. Dawkins, com muita propriedade, ainda diz que não podemos usar a palavra "primitivo" para classificar o sistema nervoso dos animais e seus comportamentos, só porque são mais parecidos com os ancestrais, mesmo porque esses sistemas são mais simples ou menos complexos, mas não primitivos, caso contrário, não estariam aqui hoje. Ele ainda volta ao assunto, com uma premissa muito boa e com toda a propriedade de quem sabe do assunto, e alega que os humanos, definitivamente, não são a "última palavra" da evolução. É verdade que não somos os seres mais perfeitos e mais bem acabados do planeta e do universo, isso é uma presunção enorme, infundada e extremamente pretensiosa. É preciso ficar claro que as expressões como "ser inferior" ou ser "superior" não fazem parte da cartilha evolucionista e nem das análises da psicologia evolucionista ou darwiniana.

No sentido evolutivo, a Biologia do Comportamento do Consumidor passa pela arqueologia, pela paleontologia e pela antropologia, bases da psicologia evolucionista, nos estudos de sociedades humanas mais antigas e também algumas ainda existentes, e faz a ligação entre as descobertas nessas áreas com o estudo do comportamento de consumo de outros animais, aproximando-o do comportamento de consumo observado em nossa espécie.

Os psicólogos evolucionistas tentam explicar traços psicológicos, como a memória, a percepção ou a linguagem, como adaptações, que são produtos funcionais da seleção natural ou seleção sexual. O pensamento e os princípios desses adaptacionistas, se assim pudermos chamá-los, são os mesmos dos biólogos evolucionistas, a diferença é que trazem as suas hipóteses para o campo da psicologia. Os psicólogos que estudam esse viés argumentam que muito do comportamento humano é gerado por adaptações psicológicas que envolvem resolver alguns problemas que pertenceram a um ambiente humano ancestral. Como exemplo, colocam a hipótese de que o ser humano herdou a habilidade de inferir a emoção dos outros coespecíficos, discernir parentes de não parentes, identificar e escolher pares saudáveis para reprodução, cooperar com os outros e por aí em diante. Essa ciência está muito atrelada a outras ciências evolucionistas, como a ecologia comportamental animal e humana e biologia evolucionista, entre outras, ligadas aos conceitos legados pela teoria da evolução como adaptação, seleção natural e seleção sexual.

Os pesquisadores nessa área acreditam que tudo o que o ser humano faz é para se adaptar ao ambiente externo biótico e abiótico, portanto, o sujeito tem comportamentos inatos e inconscientes, isso porque é o organismo quem decide algumas coisas. Esses comportamentos são influenciados pelos genes que ativam proteínas, que por sua vez provocam o aumento ou a diminuição dos níveis de neurotransmissores e de hormônios, que vão afetar a maneira como agimos em resposta aos estímulos ambientais e também às mudanças internas. Assim, todos os comportamentos, inclusive os dos consumidores, têm relação direta com as estratégias de sobrevivência e reprodução para continuidade dos genes do indivíduo por várias e várias gerações.

Gad Saad, que escreveu um livro intitulado *The Evolutionary Bases of Consumption,* desafia a visão ortodoxa da ciência social de que o comportamento do ser humano é aprendido pela socialização e sugere que nosso comportamento pode ser, ao menos em parte, afetado pela Natureza humana. Um exemplo é a escolha de um perfume que pensamos convencer as pessoas a comprar pela propaganda, pela embalagem ou ainda pelo preço, o que não acontece. É obvio que as ações de marketing influenciam o comportamento, seria loucura dizer que não. No mínimo, essas ferramentas informam que o produto existe, onde você pode encontrá-lo, o quanto pagará por ele, atraem sua atenção com uma embalagem chamativa, mas a decisão de compra, que é o que realmente nos interessa, depende da chancela ou aprovação da química humana. A escolha e a tomada de decisão é feita sob forte influência das necessidades do organismo. Este, sim, vai influenciar incisivamente a preferência por um perfume ou outro. Tem a ver com nosso odor corporal e com o sistema imunológico, pois procuramos parceiros que sejam o mais diferente possível de nós, como um meio de proporcionar maiores defesas imunológicas para a nossa prole e também como alerta para não nos reproduzirmos com parentes próximos. Percebemos, então, que a preferência por um perfume ou outro faz parte dos sinais orgânicos que usamos para atrair potenciais parceiros, e não de uma estratégia inédita de marketing. O que existe é a coincidência do produto criado ou da campanha veiculada com as necessidades orgânicas.

Os perfumes preferidos são aqueles mais susceptíveis em aumentar as fragrâncias do corpo de um sujeito como um meio de anunciar a sua assinatura no complexo principal de histocompatibilidade, que em inglês significa *major histocompatibility complex* (MHC). Essa é uma grande região genômica ou de uma família de genes encontrada na maioria dos vertebrados, que possui importante papel no sistema imunológico, na autoimunidade e também no sucesso reprodutivo.

Outro exemplo de que a escolha de um produto acontece em função da nossa Natureza é a preferência por brinquedos. Crianças diagnosticadas com hiperplasia adrenal congênita resultam em garotas com traços comportamentais masculinos. Estudos feitos por Berenbaum e Hines, publicados em 1992, descobriram que meninas com essa desordem aumentaram suas preferências por brinquedos ditos masculinos. A explicação evolucionista para esse fenômeno sugere que homens e mulheres preferem brinquedos com design específico e estereotipado. Homens preferem movimento (ancestral caçador), mulheres preferem forma e cor (ancestral coletor). A presença ou ausência de androgênios, grupo de hormônios masculinos (testosterona, androsterona e androstenodiona) que estimulam a atividade dos órgãos sexuais e promovem o desenvolvimento das características sociais desse gênero, predispõe o sistema visual para os homens atentarem-se e apegarem-se a objetos específicos a cada sexo no ambiente. E, nesse caso de hiperplasia adrenal congênita, as mulheres ficam com um "olhar masculino". Mais uma vez, notamos que o organismo, com sua memória filogenética ou memória ancestral, influi de maneira contundente no comportamento de consumo dos indivíduos.

Outra pesquisa que corrobora a visão de que as diferenças entre preferências masculinas e femininas permanecem desde os tempos em que éramos caçadores-coletores é a que foi realizada por pesquisadores canadenses, na verdade, dois irmãos, um doutorando em psicologia e o outro em marketing, que criaram duas livrarias virtuais para o estudo. Os irmãos descobriram que homens e mulheres realmente respondem de forma diferente a estímulos visuais. Eles preferem animação e objetos em movimento, competências que teriam adquirido como caçadores, e elas preferem orientações visuais, como as cores fortes, pois marcadores são importantes para o "forrageamento" ou a colheita de forragem. Essa descoberta reafirma algumas ações e nos alerta para criação de novas estratégias de marketing, a começar pela comunicação virtual, passando pela exibitécnica, que é a arte de expor, dispor e exibir um produto, e aqui, neste momento, me atrevo a criar uma hipótese, a de que seja esse o motivo pelo qual os salões do automóvel tenham tantos dispositivos giratórios para exibir seus carros e, pelo mesmo princípio, os supermercados tenham tantos marcadores com seções, subseções e displays aéreos indicando nichos de produtos.

Saad, no seu livro que toca nas bases evolucionistas do consumo, afirma que muitos slogans já atendem a pelo menos um dos quatro módulos darwinianos. Ele defende que muitos slogans são bem-sucedidos, porque suas palavras de ordem atingem diretamente as estratégias evolutivas que nos ajudaram e aumentaram a nossa capacidade de sobrevivência e reprodução. Isso quer dizer que a comunicação de marketing, para atrair os consumidores, deve estar atenta aos aspectos evolutivos. Provavelmente, a efetividade das propagandas em todos os meios de comunicação está ligada ao uso de situações e chavões que nos alertem para as questões da sobrevivência, manutenção dos genes e da reprodução para a perpetuação deles.

A também chamada psicologia darwiniana tem trazido esclarecimentos para os comportamentos humanos relacionados ao consumo, que antes eram difíceis de ser explicados pela teoria social. Para Geoffrey Miller, autor do livro *Spent,* ao adquirir objetos, estamos pura e simplesmente agindo como primatas sociais que pretendem impressionar. Para esse autor, o iPhone que está no seu bolso é para sexo.

Os indivíduos compram principalmente porque eles querem mostrar aos outros o seu poder. Essa tendência é verdade tanto para a evolução biológica e a economia humana. Tudo isso nós sabemos desde que Darwin postulou, mas agora entendemos também que, para atingir tal sucesso reprodutivo, perpetuar nossos genes e sobreviver, usamos, assim como os animais, a autopropaganda, a autopromoção, e portanto, o marketing pessoal.

Surge, a partir da perspectiva evolucionista ou darwiniana do comportamento, a figura do *Homo consumericus*, termo difundido por Gad Saad. Assim, podemos afirmar que, daqui por diante, para compreender a riqueza incrível do comportamento de consumo, somos obrigados a identificar forças darwinianas que levaram à evolução de tal espécie, isso porque 99% do nosso tempo na Terra, ou falando de outra forma, da evolução humana, ocorreu durante a época em que fomos caçadores-coletores, e, com isso, podemos concluir que o comportamento para resolução de problemas ancestrais ainda permanece atualmente.

Em se tratando de evolução, biologia evolucionista e psicologia evolucionista, dá para inferir que alguns produtos existem para melhorar a eficiência na seleção sexual, como o perfume caro, um caso que citei acima, como um carro exclusivo e até uma mansão. Todos esses itens aumentam a vantagem reprodutiva do indivíduo, como o rabo do pavão. Economicamente eles não são viáveis, pois são caros de manutenção (gastam energia demais e atraem predadores). Mas existem outros produtos e serviços que são diretamente relacionados também com o processo evolutivo, mais especificamente com a seleção natural e não sexual, e é aí que entra a corrida armamentista. Em ambos, a economia natural é incisiva e a maximização biológica também, porque todos agem de forma inconsciente, natural e inata, sempre com a intenção de sobressair perante os coespecíficos, potencializando a sobrevivência do seu organismo. Um exemplo claro de corrida armamentista em função da seleção natural é a pós-graduação. Quando uma universidade vende a ideia de pós-graduação, está implícita a ideia de que o mais importante não é ser mais veloz que o predador (falta de trabalho), mas, mais rápido do que o membro mais lento da manada (os competidores pelo emprego). Darwin já nos mostrava que o equipamento para correr mais depressa é usado para superar na corrida os rivais que são da mesma espécie e que estão fugindo do mesmo predador. Os concursos públicos são muito concorridos e os cursos para preparação também, porque são produtos para a corrida armamentista que vão trazer vantagens na seleção natural.

BIBLIOGRAFIA

ALLPORT, G.W. Personalidade. EDUSP, 1973.SP

ALYSSON, Muotri.Cérebro determinado: o livre-arbítrio é uma ilusão? em 24 de agosto de 2007. Disponível em: http://colunas.g1.com.br/espiral/2007/08/. Acesso em: 19/05/2009

ARAÚJO, Laís. Os "ismos" e os "istas". Disponível em: http://www.geocities.com/SoHo/Den/9103/posfacio.html. Acesso em: 04/04/2009

ARSUAGA, Juan Luis. O colar do Neandertal: em busca dos primeiros pensadores. Lisboa: 2007

BONALUME NETO, Ricardo. Estrela emergente. Pouco famosas, vespas Nasonia acabam de ter seus genomas publicados e despontam como modelo na genética. Folha de São Paulo. 17 de janeiro, 2010.

BRANDÃO, Marcus L. Psicofisologia: as bases fisiológicas do comportamento. São Paulo: Editora Atheneu, 2005

BROSNAN, S. F., e DE WALL, Frans. B. M. 2009. Cebus apella tolerate intermittent unreliability in human experimenters. Dispoível em: http://www.emory.edu/LIVING_LINKS/articles.html#BE. Acesso em: 23/11/2009

CARTER, R. O livro de ouro da mente. Rio de Janeiro: Ediouro, 2003.

COSTA, Antonio Luiz Monteiro Coelho da - AUTISTA E IRRESPONSÁVEL. Disponível em:http://antonioluizcosta.sites.uol.com.br/cienciautista.htm#cienciautista. Acesso em 18/06/2009

DEVLIN, Keith. O instinto matemático: por que você é um gênio da matemática. Rio de Janeiro: Record, 2009.

7 Neurociências comportamentais

1. História das neurociências

Há muito a curiosidade sobre o estudo do cérebro e do sistema nervoso como um todo é uma preocupação do ser humano. Desde 4.000 a.C. os sumérios, considerados o povo mais antigo de toda a humanidade, cultivadores de papoula, já registravam alguns fatos sobre o cérebro e seus fenômenos. Os registros relatam as alterações de comportamento associados ao consumo de papoula, como sintomas de euforia, sedação, bem-estar, entre outros. Nos papiros egípcios em 2.500 a.C. encontram-se os primeiros tratados médicos de toda a história. O "papiro cirúrgico de Edwin Smith", que levou o nome do egiptólogo que o adquiriu, continha, além de descrições sobre anatomia, fisiologia e patologia das mais diversas doenças, casos de danos cerebrais, descrições de suturas cranianas, lesões traumáticas no cérebro e sua correspondência com as mudanças no funcionamento de outras partes do corpo. Além deste, outros documentos que relatam a preocupação com a medicina revelam que o coração era o órgão mais importante do corpo, considerado, na época, como o centro da inteligência. Para termos uma ideia, na mumificação o cérebro era retirado pelo nariz e o coração era conservado no corpo. É o chamado pensamento cardiocêntrico.

A trepanação, uma espécie de cirurgia neurológica em que se remove um orifício do osso craniano com o objetivo de ter acesso ao cérebro, era uma prática realizada no Egito, na Grécia, no Império Romano, na China, nas civilizações Asteca, Maia, Inca e existem indícios até mesmo entre índios brasileiros. Foram descobertos crânios que evidenciam essa técnica em diversos sítios arqueológicos que datam desde 2.000 a.C. Mas, segundo Robert-Benjamin Illing relata, as evidências da trepanação são ainda mais antigas, desde 7.000 a.C. e reveladas pelos buracos nos crânios do homens do Neolítico.

Alcmaeon de Crotona, discípulo de Pitágoras, foi o primeiro a localizar no cérebro humano a sede das sensações e a relacionar fenômenos psíquicos ao sistema nervoso central, contrariando a visão cardiocêntrica. Afirmava que as informações do mundo eram transmitidas ao cérebro por meio de poros, e o nervo óptico seria um desses poros. Foi por meio de suas teorias que se distinguiu a sensação da percepção e compreensão, revelando que o ser humano diferenciava-se dos outros seres justamente por ser o único a ter compreensão, já que os outros só tinham percepção. Sua visão influenciou Hipócrates e Platão, apesar de Aristóteles defender a visão de que o coração, quente e ativo, seria a sede da razão, responsabilizando o cérebro pela função de refrigeração do sangue, por ser frio e inerte.

Aristóteles, criador do pensamento lógico e seus postulados datados de 335 a. C., afirmou que o coração era a fonte das sensações, e não o cérebro. Essa visão se deu em função de o filósofo notar que uma lesão no coração significava a morte imediata do indivíduo, enquanto as lesões no cérebro, em geral, geravam consequências menos graves, podendo até mesmo cicatrizar. De fato, segundo a história e diversos locais em que foram encontrados crânios trepanados, com evidência de reabsorção óssea, dos indivíduos que eram submetidos a essa técnica, 50% sobreviviam. O filósofo também observou que as alterações da frequência cardíaca eram acompanhadas sempre de mudança no estado emocional, e que o cérebro parecia insensível, não provocava emoções. Isso certamente porque não entendiam que o comando cerebral é que determinava a aceleração cardíaca, para aumentar a circulação sanguínea e permitir a fuga. A figura do coração como centro das emoções prevalece até hoje nas artes, assim como na música e na poesia, mesmo tendo se consciência da verdade. Quando Aristóteles realizava suas dissecações em insetos não conseguia identificar o cérebro, o que o levava a reafirmar a tese de que esse sistema não poderia estar relacionado com a tomada de decisão. Para ele, o cérebro tinha como função o resfriamento do corpo, funcionava como um radiador.

Na Grécia, as funções do cérebro não eram tão conhecidas como no Egito. Para aqueles, essa região do corpo era a morada da alma. Filósofos como Platão, em 347 a.C., com a criação da teoria da "alma tripartida", defendiam a ideia de que o cérebro seria responsável pela razão por se encontrar mais perto do Céu, o coração pelas emoções e vontades, e o baixo ventre pelo instinto e pelo desejo.

Em 300 a. C. os alexandrinos Herpophilus e Erasistratus acabaram de vez com a visão cardiocêntrica. Foram os primeiros a descrever os hemisférios cerebrais e o cerebelo, deram suas contribuições para novos conhecimentos sobre o sistema nervoso central, classificaram os nervos em motores e periféricos, e os caminhos desses até o cérebro. Os biólogos alexandrinos tiveram suma importância na história das neurociências, pois deram início à neuroanatomia, e Herpophilus é ainda considerado o fundador do método científico e introdutor do método experimental em medicina.

Galeno foi o primeiro a fazer investigação cerebral a fundo e conhecia essa área graças a dissecações e estudos de cérebros de vacas, carneiros, porcos, gatos, cães e macacos, produzindo lesões no cérebro, no cerebelo, e seccionando a medula espinhal em diferentes locais para observar os efeitos resultantes dessas lesões. Como o mais destacado médico de sua época, ele pesquisou anatomia, fisiologia, semiologia, patologia e terapêutica, e foi considerado um dos maiores neurofisiologistas da antiguidade. Ele também criou uma classificação para os nervos, dividindo-os em moles ou sensitivos para os órgãos dos sentidos, e duros para os movimentos.

Na Idade Média, a Igreja proibiu os experimentos de dissecação descobertos mais ou menos 1.400 anos antes por Herpophilus, o qual considerava o método experimental essencial ao conhecimento. Surgiram as psicocirurgias, procedimentos mutiladores do sistema nervoso central, cujo objetivo fundamental era desconectar estruturas nervosas em virtude de mudanças de comportamento. Eram considerados tratamentos milagrosos, permitidos e fiscalizados de perto pela Igreja, com o objetivo de eliminar a perda da loucura. Quando surgiram estudos anatômicos mais apurados, com Andréas Vesalius, a psicocirurgia passou a ser condenada.

Andréas (1514-1564) destacou a anatomia como ciência e mudou a forma de estudá-la, que era ensinada, até então, apenas por meio dos textos de Galeno. Ele dissecava cadáveres diante do público e revelava a anatomia do cérebro. O trabalho desse anatomista mostrava a importância da dissecação como ferramenta básica para entender o corpo humano e também enfatizava o caráter deste como uma estrutura orgânica e não como algo habitado por fenômenos sobrenaturais. Em 1538 publicou sua obra *Tabule anatomicae sex*, que corrigiu, depois de séculos, os erros cometidos por Galeno, e, em 1543 publicou *De humani Corporis Fabrica*, uma obra de arte e o maior livro médico de todos os tempos, com uma riqueza de detalhes impressionante na área de anatomia.

Pelas mãos de Andréas Vesalius a anatomia cerebral deslanchou como nunca, pois foi ele que descreveu as meninges, os pares cranianos, as cavidades ventriculares, o líquido cefalorraquidiano e doenças cerebrais, como a hidrocefalia. O livro 4 dessa obra era dedicado ao sistema nervoso, e o livro 7, ao cérebro. Na verdade, a anatomia se desenvolveu fantasticamente, mas ninguém especulava como o cérebro funcionava.

Do ponto de vista artístico, o Renascimento também foi rico em anatomia, pois além de Andréas, que desenhava o corpo humano, os italianos Leonardo da Vinci

(1452-1519) e Michelangelo (1475-1564) também esboçaram desenhos do corpo humano na tentativa de aprender mais sobre ele, e assim se voltaram para o seu interior. Da Vinci foi quem desenhou as primeiras representações realistas dos ventrículos cerebrais. Centenas de páginas de anotações e desenhos com detalhes sobre anatomia humana não eram muito conhecidas na época, porque não foram publicados até o começo do século passado. São desenhos impressionantes sobre a área de neurociências.

Descartes, no século 17, em oposição à teoria da "alma tripartida", de Platão, afirmou que a alma era representada por uma mente unificada e racional, localizada na glândula pineal. Escolheu essa estrutura por ser um órgão ímpar, ao contrário das outras estruturas cerebrais, que são bilaterais, portanto, a única a não ter correspondência nos dois hemisférios e ser unificada, como a mente deveria ser. Além disso, a escolha da glândula pineal para conectar corpo e alma era, de acordo com a concepção da época, por se encontrar perto dos ventrículos cerebrais. A glândula pineal era para Descartes o centro do corpo e da mente. Na neurofisiologia de Descartes os filamentos existentes nos nervos agiam como válvulas, abrindo poros que deixariam fluir os espíritos animais. A exemplo do que ele dizia, uma estimulação na pele agiria sobre esses filamentos, provocando uma contração como resposta reflexa.

Do cérebro, os espíritos animais viajariam pelos dos nervos até os músculos, que seriam inflados, provocando o movimento. Assim se dariam, segundo Descartes, os atos involuntários. Em *De Homine*, publicado por ele em 1662, afirmava que as informações visuais eram levadas ao cérebro por nervos ópticos ocos, chegando à glândula pineal, que regularia o fluxo do espíritos animais por meio dos nervos. Esses espíritos viajariam até os músculos do braço, provocando, assim, um movimento. Ainda segundo Descartes, os espíritos animais podiam dilatar o cérebro, despertando-o e permitindo-lhe a recepção das informações sensoriais e a ausência, ou pouca intensidade dos espíritos animais levaria ao sono e ao sonho, e os temperamentos e as habilidades diferentes de cada indivíduo corresponderiam às diferenças em número, tamanho, forma e movimento dos espíritos animais. Para esse filósofo, o contato da alma com o corpo estava localizado na glândula pineal.

Uma das grandes discussões que sempre permearam as neurociências é o dualismo mente-cérebro. Inaugurando a teoria mecanicista, Descartes afirmava que o corpo é uma máquina e deve entregar o controle das ações para a alma. Essa premissa foi a base para a ciência moderna, que busca a verificação em tudo, isto é, se existem evidências reais e indubitáveis a cerca de um fenômeno ou evento. A famosa frase "Penso, logo, existo" é a expressão maior do racionalismo cartesiano.

Foi Descartes também que deu início ao "problema da consciência".

Em 1664, surgiu o primeiro tratado de neuroanatomia e neurofisiologia, pelas mãos de um renomado médico inglês chamado Thomas Willis. Ele defendia a ideia de que a química determinava as bases do funcionamento do corpo e foi um dos pioneiros em relacionar a fisiologia, a anatomia e a química com as patologias cerebrais. Willis também é considerado o responsável pelo termo "Neurologia", além de ser o primeiro neuropediatra e lembrado como "pai" da Neurologia.

A ideia de que "espíritos animais", como apregoava Descartes, percorriam os nervos, teve origem ainda na Grécia e permaneceu vigente até o século 18, quando ficou demonstrada a natureza elétrica na condução nervosa, destacando-se, para isso, o trabalho de Luigi Galvani. Foi esse médico e também físico que descobriu a produção de eletricidade no músculo e nas células nervosas. Foi o seu trabalho que serviu de base à pesquisa e à descoberta do potencial de membrana e de ação das células nervosas.

No início dos anos de 1800, o neuroanatomista e fisiologista alemão Franz Joseph Gall foi o primeiro a se preocupar com a localização das funções mentais no cérebro, uma busca incessante dos neurocientistas, testada e comprovada por equipamentos de neuroimagem, como a tomografia por emissão de pósitrons e a ressonância magnética funcional. Gall tinha uma teoria que defendia a possibilidade de determinação preditiva da personalidade e das faculdades mentais pela cranioscopia, um exame de medidas das saliências cranianas. Posteriormente, essa técnica foi chamada de frenologia, que etimologicamente significa "estudo da mente". Segundo esse fisiologista e sua teoria, os comportamentos humanos seriam comandados por áreas específicas do cérebro, e quanto maior fosse essa determinada região, mais intensa seria a expressão do comportamento comandado por ela. A frenologia foi considerada, na época, uma pseudociência, porque seus defensores faziam afirmações duvidosas, e pelas demonstrações de Pierre Flourens, outro que investigava a localização das funções cerebrais, ficou provado que a frenologia era uma teoria realmente equivocada. Flourens fez experiências em pombos e encontrou evidências apenas para a localização das funções motoras no cerebelo, e das funções vitais na medula, não havendo evidências para as localizações descritas pela frenologia.

No ano de 1848, o americano Phineas Gage teve um acidente enquanto trabalhava numa construção. Houve uma explosão e uma barra de ferro de 1,80 metros atravessou seu crânio e perfurou o cérebro, atingindo grande parte do seu lobo frontal. Apesar da gravidade da lesão, o trabalhador não perdeu a consciência e o jovem médico Dr. John Martyn Harlow cuidou do caso. Meses depois do acidente, Gage tentou voltar a trabalhar, mas não foi contratado para a sua antiga atividade em função da brusca mudança na sua personalidade. Antes do acidente ele era tido como eficiente, capaz, equilibrado e sereno, depois, ficou irreverente, indiferente em relação aos outros trabalhadores, impaciente, inquieto e disperso. O caso Phineas Gage é um ícone da neurologia e sempre citado por ser a primeira evidência de que os lobos frontais são responsáveis por aspectos da personalidade e do comportamento social, aquele que controla nossos impulsos. Antes desse caso, o lobo frontal tinha pouca importância na regulação do comportamento. Essa experiência vivida pelo trabalhador reforçou a teoria localizacionista de quase uma centena de anos passados. Antônio Damásio, um grande neurocientista português e professor da faculdade de Iowa, considera esse o primeiro evento da história em que o comportamento pode ser constatado em bases biológicas.

Depois desse fato, houve grandes descobertas das neurociências. Emil Du Bois-Reymond, em 1856, descobriu o potencial de ação que teve seus primeiros indícios com Luigi Galvani; Paul Pierre Broca, anatomista francês, um dos grandes defensores do localizacionismo, desenvolveu a hipótese da dominância do hemisfério esquerdo em relação à linguagem e localizou o centro da fala na porção posterior do giro frontal inferior, que hoje é chamada de área de Broca. Mas foi o médico espanhol Cajal que observou o sistema nervoso e a plasticidade neural, e Camilo Golgi, o primeiro a conseguir corar algumas células cerebrais, o que possibilitou a observação com detalhes da estrutura individual dos neurônios, fazendo nascer as intituladas Neurociências Modernas. Foi a partir daí que se percebeu que era uma rede de células nervosas interligadas, e ainda mais pertinente, que não eram fisicamente ligadas, mas formavam uma rede, porque comunicavam-se entre si por meio de ligações especializadas, chamadas sinapses.

Em 1900, o neurologista e psiquiatra austríaco Sigmund Freud percebeu a existência de pensamentos ocultos a nossa consciência. Sua teoria era que a mente inconsciente dirigia a maior parte do comportamento humano, mesmo que a sociedade reprimisse os impulsos primitivos por meio da moralidade e da razão. Ele mostrou a distinção entre o conteúdo latente e o manifesto do sonho. O conteúdo manifesto eram os lembrados na narrativa do indivíduo e o latente, os pensamentos e desejos representados nas entrelinhas, baseados nas fantasias e relacionados às experiências emocionais da infância. A partir de Freud passou-se a entender um campo completamente novo e misterioso até hoje, a inconsciência.

Em 1933, Hans Berger descobriu o eletroencefalograma, representando um marco para a fisiologia do sistema nervoso e do cérebro, o que permitiu um enorme volume de pesquisas para diagnóstico de doenças do cérebro. Em 1974, pesquisadores na área de medicina nuclear e física médica da Universidade da Califórnia desenvolveram o primeiro Pet Scan (tomografia por emissão de pósitrons), técnica que consiste na administração de substância radiativa, chamada de traçadora, que é absorvida pelo cérebro. Perceberam que células mais ativas absorviam mais dessa substância por ter um metabolismo mais acelerado, permitindo serem captadas pelo aparelho e mostrando a atividade mental. Houve uma verdadeira explosão de descobertas a partir daí.

A partir do ano 2000, novos caminhos e descobertas fantásticas tiveram início. Pelas mãos de um cientista brasileiro, Miguel Nicolelis, formado pela USP e professor de Neurobiologia e Engenharia Biomédica da Duke University, apontado como um dos mais importantes cientistas em atividade no mundo, segundo a revista *Scientific American*, surgirm as neuropróteses, no momento em que o cientista e sua equipe criaram a interface entre o pensamento de um primata, não humano, e um braço de um robô, em que o macaco conseguiu mover o braço mecânico com seu pensamento. Uma evolução inimaginada pouco tempo atrás. Concomitantemente, outros campos foram aparecendo a partir da interdisciplinaridade das ciências biológicas e humanas. Surgiram, dentro das neurociências, o neurodireito, que tenta decifrar os códigos da infração de regras sociais; a neuroeconomia, que busca entender como se dá a tomada de decisão dos seres humanos e, com ela, o neuromarketing, que na verdade é um princípio, e trata somente da neuropesquisa de mercado, mais especificamente de comportamento do consumidor.

A neurociência tem seu domínio muito bem definido: é o estudo do cérebro e do sistema nervoso. Assim, as subciências ou ciências aplicadas que dela derivam devem sempre partir da neurologia e dos processos neurais que se dão tanto no cérebro, que é parte constitutiva do sistema nervoso central, quanto nas outras partes do sistema nervoso como um todo. A neurociência parte do processamento interno do sistema nervoso, sua relação com o ambiente, e discute também os processos mentais, mas, como disse, a partir de análises fisiológicas e anatômicas do sistema nervoso. É uma ciência interdisciplinar, isto é, relaciona-se muito bem com várias outras para poder entender a nossa "caixa preta", as patologias e o comportamento humano.

Divido a pesquisa em neurociência em:

1) "médica" ou pura (neurologia e neuropsiquiatria), que tratam de problemas anatômicos e fisiológicos estritamente e buscam o entendimento e a cura das mazelas ou patologias do sistema nervoso;

2) "aplicada", que busca entender basicamente o comportamento humano mediante o estudo do sistema nervoso e, particularmente, do cérebro, e as suas funções nervosas ditas superiores.

2. Neurociências e comportamento

A ciência neural ou neurociência, como vimos, não é uma curiosidade recente. Filósofos há muito se engajaram em tal tarefa. Mas foram os trabalhos pioneiros do espanhol Santiago Ramón y Cajal e seus estudos sobre o sistema nervoso que deram impulso fundamental para as neurociências como conhecemos hoje. Essa ciência que busca respostas para uma das mais antigas questões do ser humano, entender seu próprio comportamento, teve seu apogeu com o surgimento das tecnologias de neuroimagem, que permitiram investigar os processos cerebrais não mais apenas por observação, como fizeram os behavioristas, mas por exame não invasivo, e a mostrar as áreas cerebrais ativadas por excitações ou provocações. A partir de então, a fisiologia cerebral começou a ser literalmente vista com o uso desses equipamentos. De lá para cá, podemos dizer que as neurociências adquiriram a sua forma característica e conquistaram espaço definitivo nos estudos do comportamento animal, inclusive do humano.

A partir dessa evolução das neurociências, áreas cerebrais e neurotransmissores começaram a ser identificados como partes responsáveis por certos comportamentos, uma visão localizacionista, em princípio. Foi uma forma de iniciar os estudos e tentar entender a nossa "caixa preta". Hoje, com o andar das pesquisas, que têm crescido exponencialmente, sabemos que não é tão simples assim, pois o cérebro é dinâmico e várias áreas participam de inúmeros comportamentos. É certo que elas se ativam ao receber determinados estímulos, o que indica que são provocadas, mas não dá para ser simplista e dizer que uma área é responsável sozinha por um comportamento. Essa é a mesma afirmação que venho fazendo por todo este livro em relação aos genes, aos neurotransmissores e também aos hormônios. Não há uma simples correlação direta entre uma área cerebral e um comportamento.

As neurociências e seu desenvolvimento têm gerado muitas pesquisas em diversas áreas, como na educação, para entender como se dá o aprendizado; no direito, para buscar respostas do comportamento atípico de pessoas que infringem a lei; na política, para tentar entender a mente do eleitor; nas finanças, para entender o comportamento de agentes econômicos; na economia, para entender não só tais agentes, mas também os consumidores, e, mais recentemente, o que significa de oito anos para cá, no marketing, para entender além do comportamento de consumo de produtos, serviços e ideias, a reação dos sujeitos consumidores em relação a preços, pontos de venda e, fundamentalmente, em relação à comunicação mercadológica. Isso significa que as neurociências felizmente extrapolaram suas fronteiras e se espalharam por todas as áreas de pesquisa que têm relação com a análise do comportamento humano. Passaram, a meu ver, a ser uma prova mais fidedigna do que motiva os sujeitos a se comportar de determinada maneira. Uma nova visão e mais acurada dos processos físico-químicos corporais que geram ou motivam o comportamento dos indivíduos, desnudando muitos aspectos comportamentais que se encontravam em segredo ou escondidos, e longe dos métodos de observação pura usadas pela psicologia. É por tudo isso que essa ciência incomoda tanto e gera um alarmismo exacerbado.

Conhecida por outros nomes, como psicologia biológica ou biopsicologia, essa área é originária de aplicações de princípios da biologia e, mais especificamente, da neurobiologia, para poder estudar os processos cerebrais subjacentes ao comportamento humano e de outros animais. A neurociência comportamental tem tentado associar algumas variáveis biológicas, sejam elas anatômicas ou fisiológicas às variáveis comportamentais. Nós já sabemos que não há uma relação 1 para 1 nessa área, como em todas as outras citadas neste livro e, por isso, não podemos ligar diretamente um comportamento à influência de uma área cerebral. O organismo é dinâmico e funciona de maneira integrada, assim é que devemos olhar para os processos subjacentes que motivam ou geram o comportamento. Mas o que fica claro é que não podemos mais evitar esse tipo de pesquisa neurocomportamental, pois somente ela pode nos trazer respostas dos provocadores do comportamento com base em evidências.

Algumas da subáreas que surgem a partir das ligações entre a neurobiologia e as ciências sociais, mais especificamente as que estudam o comportamento, são: neuroantropologia, neuropsicologia, neurociências sociais, neurociênicas afetivas. Todos esses novos estudos são necessariamente interdiscipinares, ou seja, trabalham com mais de uma ciência para poder entender o fenômeno. O que faz total sentido, porque não é possível entender algo tão complexo como o comportamento apenas com um viés ou ponto de vista, muito menos sem trazer para a discussão a biologia e a neurologia, essências de tal fenômeno. As neurociências sociais tentam entender e explicar como os sistemas biológicos se relacionam aos comportamentos sociais, e usam conceitos biológicos para incrementar teorias e pesquisas sobre o comportamento social.

Neste livro eu venho, desde os primeiros capítulos, mostrando várias pesquisas que comprovam que o social é fundamentalmente biológico porque está atrelado à sobrevivência e reprodução. A neuroantropologia é a subárea, originada dos estudos das neurociências, que procura a relação entre o cérebro e as experiências culturais, relacionando a anatomia cerebral à evolução desse órgão em função da adaptação ao ambiente que nos circunda. A neuropsicologia também estuda a relação entre os processos e as áreas cerebrais e o comportamento, principalmente como as diferentes lesões causam déficits em diversas áreas da cognição, em assuntos diversos, como agressividade e sexualidade, e também pesquisa os sistemas cerebrais que participam na construção da percepção, ação, fala e inteligência. As neurociências afetivas trabalham com o mapeamento dos circuitos neurais dos sistemas emocionais básicos, que segundo Jaak Panksepp, cientista que tem feito grandes descobertas nessa área, são oito: *Seeking* (busca), *Fear* (medo), *Rage* (raiva), *Lust* (desejo), *Care* (cuidado), *Panic* (medo), *Play* (brincar) e *Self* (individualidade). A premissa dessa subárea das neurociências é que precisamos entender as emoções em um nível neural básico para entendermos a complexidade das emoções dos seres humanos.

Por esses estudos e novas áreas de pesquisa que citei, que não são todos, podemos perceber que, para compreendermos de maneira completa e precisa o comportamento humano e particularmente o do consumidor, não dá mais para evitarmos a influência dos estudos neurológicos que nos trazem, no mínimo, provas físicas e químicas comprobatórias. A mistura, ou interdisciplinaridade, também é outro fator fundamental para tais estudos, porque o ser humano é muito complexo e não pode ser visto e analisado por apenas um olhar. É preciso enxergar mais holograficamente para entender todos os aspectos do comportamento. Por isso, a intersecção das disciplinas, como a sociologia, a antropologia, a psicologia, a primatologia e também a etologia, com as neurociências se torna cada vez mais necessária. Os estudos de Biologia do Comportamento do Consumidor que criei e venho trabalhando há algum tempo são exatamente o retrato dessa mistura de pontos de vista, em que além de trazer as neurociências, busco respostas na endocrinologia, na genética e na psicologia evolucionista para elucidar o mistério que é o comportamento do consumidor.

Obviamente, existem exageros e muitos absurdos nessa área que é nova, e há quem se aventure e afirme relações entre comportamento e processamento cerebral ainda não provados. Isso porque ainda estamos longe de chegar ao final do conhecimento do cérebro e seus processos. É preciso tomar muito cuidado para não fazer suposições absurdas e nem cair na falácia da autoajuda, que clama por soluções fáceis e rápidas, o que não existe nessa área, muito menos nos aspectos ligados ao comportamento do consumidor. Empresários ficam encantados com esses novos estudos e estão sempre me perguntando e querendo uma solução para seus problemas relacionados ao comportamento dos sujeitos, à marca dos seus produtos, à exibitécnica, à propaganda, distribuição, ou até como aumentar suas vendas usando esses conhecimentos que conquistei ao longo do tempo. Repito sempre que só podemos inferir cientificamente, mas não dar soluções, porque esses novos estudos de Biologia do

Comportamento do Consumidor podem identificar apenas padrões de consumo e não a ação de cada pessoa.

3. Finanças comportamentais, economia comportamental e neuroeconomia

Todas as novas ciências de que vou falar neste subtítulo partem do princípio que o ser humano não é tão racional e maximizador quanto imaginavam e ainda imaginam os economistas ortodoxos. Em princípio eles alegam que a matéria-prima é finita e o desejo dos humanos não, portanto é preciso ser racionalizador no comportamento econômico e também maximizar os resultados. É desses preceitos que surgem todos os estudos econômicos, de consumo, inclusive os conceitos que balizam a teoria do marketing. A diferença é que o marketing, antes da economia, tem uma proximidade grande com a psicologia e leva em consideração vários aspectos dessa ciência para analisar o comportamento de compra dos sujeitos. A economia tradicional é puramente matemática, mais especificamente estatística, e trata o consumo por curvas de oferta e demanda. E a matemática não explica o motivo do nosso comportamento. Novamente volto a repetir que a teoria da Biologia do Comportamento do Consumidor não nega as conquistas feitas até hoje, pelas tais ideias ortodoxas sobre o consumo de massa e o comportamento do consumidor individual, mas acrescenta fatos biológicos a esses aspectos. O consumo de massa pela Biologia do Comportamento do Consumidor está diretamente ligado ao *herd behaviour* e o comportamento individual de escolha.

Em finanças comportamentais existe o mesmo fenômeno que Michael Mauboussin, professor de finanças da Columbia Business School, nos Estados Unidos, chama de "a sabedoria do coletivo", em que sujeitos, mesmo sendo especializados, não fazem estimativas mais apuradas do que o consenso do mercado. Investidores copiam ou imitam comportamentos uns dos outros, quando se deixam levar pela informação em cascata, que induz os *players* a tomar o mesmo tipo de decisão, sem pensar que os outros estão agindo da mesma maneira. Isso é natural e biológico e leva o nome de "comportamento de bando" quando se trata de animais não humanos. O indivíduo investidor é irracional ao agir com o coletivo, mas isso não indica que ele não é maximizador, pois ao andar em bando ele também está se protegendo. Mauboussin diz que o mercado mantém-se racional, mas os indivíduos são irracionais, e nessa perspectiva o mesmo acontece com o comportamento do consumidor. Em bando, ou para manter-se nele, compra-se muita coisa da qual não se precisa, só porque está na moda. Para Dan Ariely os sujeitos são previsivelmente irracionais.

Richard Peterson, no livro *Desvendando a mente do investidor*, cita várias experiências de influências ambientais no comportamento de agentes econômicos, feitas por pesquisadores do mundo todo, que demonstram a nossa irracionalidade. Um desses exemplos é da relação entre a luz solar e o humor dos investidores. Quanto mais luz, mais ensolarado o dia está, melhor o humor desses agentes, que se tornam menos avessos ao risco ou mais propensos a arriscar e também comprar. Outras experiências curiosas estão ligadas a tempestades geomagnéticas intensas que causam movimentos descendentes nos mercados acionários do mundo todo, nos seis dias seguintes ao evento; e também o efeito da lua nos preços das ações, porque a luz dos dias de lua cheia contribui para distúrbio do sono. Se influencia o sono, afeta o cérebro, que é a central do comportamento. Fica, então, evidente, que fatores biológicos externos influenciam o organismo. Os exemplos parecem curiosos, mas não são surpreendentes, pois a ligação é óbvia, só não paramos para pensar nisso e muitas vezes não aceitamos sermos tão influenciáveis e irracionais. É o impacto das forças naturais no comportamento coletivo dos agentes econômicos e, por consequência, na formação de preços.

O que se questiona nas ciências econômicas comportamentais, se assim posso chamar o conjunto que abrange as finanças comportamentais, economia comportamental, neuroeconomia e neuromarketing, é que o ser humano não é puramente racionalizador, a emoção está presente impreterivelmente em todas as suas decisões de consumo de ideias, produtos, serviços e, muitas vezes, prevalece sobre a racionalidade. Eu vou mais adiante e digo que, mesmo o comprador industrial ou comercial, que é o sujeito que compra para a empresa, também tem a mão forte da emoção guiando suas compras. Se existem duas empresas com a mesma qualidade de matéria-prima e preços similares, mas em uma delas o vendedor é amigo ou mais próximo do comprador, certamente o cliente vai comprar de quem tem mais afinidade. O critério de escolha e decisão não é racional, e sim emocional, no final das contas. Imagine um consumidor que deve escolher e tomar uma decisão de um produto ou serviço que vai afetar diretamente sua vida, a vida da sua família. Não há como negar que a emoção tomará conta do sujeito para qualquer produto ou serviço, do mais básico ou trivial, uma commodity, até o mais caro e diferenciado.

Quanto à maximização, eu acredito que ela aconteça em nível biológico, isto é, todo indivíduo, como vimos em vários capítulos deste livro, tem como objetivo maior a sobrevivência e a reprodução, o que significa a manutenção da sua vida e a criação de novas vidas com os seus genes. Os hormônios, os neurotransmissores, as áreas cerebrais, o sistema nervoso, o sistema imunológico, o cérebro entérico e todos os órgãos e sistemas orgânicos, a não ser que tenham deficiências ou sofram um ataque de influências ambientais nocivas, trabalham em função da manutenção da vida e da propagação dos genes, e isso é maximização. Só que essa maximização não é racional, muito pelo contrário, ela se dá sem consentimento nosso e também sem que tenhamos consciência do fato ocorrido. O corpo age quando deve e não quando queremos. São processos automáticos que estão presentes em nosso dia a dia e influenciam nosso comportamento por meio de motivações fisiológicas.

O que ponho em dúvida é a racionalização e maximização puras e feitas de maneira consciente e por influência de fatores externos ao organismo. Por trás de um ato racional e maximizador há sempre um motivo emocional. Em princípio, poupar para o futuro contratando uma previdência privada pode parecer totalmente racional e planejado, com atuação direta e somente do córtex pré-frontal, área responsável pelo planejamento, pela razão, mas tem como pano de fundo a manutenção da vida para poder também se reproduzir. Tem a mão invisível do sistema límbico, que processa nossas emoções, e muito do cérebro reptiliano ou complexo R, que cuida de nos manter alertas aos perigos que possam prejudicar a vida do organismo. Aspectos biológicos não podem ser desprezados quando se trata de comportamento humano, nem colocados em segundo plano. O comportamento de consumo não é matemático e estatístico puramente, e, quando o é, se dá por influência dos instintos e processos inconscientes.

Pelas teorias ortodoxas ou tradicionais, parte-se do pressuposto de que os atores econômicos, e aqui se incluem os consumidores e agentes econômicos especializados, aqueles que compram e vendem ações, são infalivelmente racionais e agem com frieza ao investir dinheiro ou comprar algo, desconsiderando a influência hormonal, por exemplo. Não se leva em conta que o sujeito pode estar com o nível de testosterona alto ao comprar uma ação no mercado financeiro, o que o torna mais agressivo e impulsivo. Se fosse assim tão racional, não haveriam bolhas nos mercados, como vimos em 2008 e em 2009 nos Estados Unidos. Se fôssemos racionais e maximizadores, não cometeríamos erros tão grosseiros. A bolha das pontocom demonstraram que seguimos a multidão, mesmo quando ela está indo em direção errada. Isso acontece em função da sobrevivência, para a proteção do sujeito, que age em bando para se defender dos predadores naturais. Assim como fazem todos os animais e seres vivos.

Maximização e racionalização pela cartilha da economia ortodoxa é também antropocêntrica e míope, porque tem somente a visão matemática do comportamento humano, esquecendo-se de que somos seres biológicos e não puramente *Homo matematicus* ou ainda *Homo econômicus*. Na verdade, somos a soma deles sempre com fundo e objetivos biológicos. Somos antes de tudo *Homo biologicus* e, a partir de então, todos os outros. Embora pudesse parecer, pelo efeito que teve, que a teoria da evolução de Darwin teria consequências imediatas para os estudos do comportamento humano, levou muitos e muitos anos para reconhecermos que somos entes vivos, seres biológicos e animais, regidos por processos físico-químicos orgânicos, como todos os outros seres, e esses aspectos fazem parte do complexo comportamento social.

As finanças comportamentais surgem a partir dessas premissas de que o ser humano não é puramente racionalizador nem maximizador, como lhes falei até agora. Essa área combina disciplinas como a psicologia, as neurociências e a economia para explicar as anomalias de comportamento e as tomadas de decisão de agentes econômicos, que inicialmente nos parecem irracionais e também ilógicas, mas acontecem com certa frequência, se prestarmos bem atenção.

Ao gastar, investir, poupar e pegar dinheiro emprestado, percebemos que esses mesmos agentes não seguem as regras da teoria ortodoxa, que por sua vez tenta explicar o comportamento com uso de números. Na área da macroeconomia, dedicada ao estudo, medida e observação de uma economia regional, nacional e até global como um todo, centrando-se no estudo do comportamento agregado de uma economia referente aos preços, produção, renda e comércio exterior, as explicações estatísticas funcionam muito bem e fazem todo sentido, pois mercados reagem em bloco, e mesmo assim existe uma explicação biológica para isso, que é o *herd behaviour*. Isso porque seres humanos reagem e se comportam em bando. Mas para explicar especificamente o comportamento de um determinado sujeito ou agente econômico não encontramos a tal lógica esperada.

A teoria do consumidor é uma área estudada pela microeconomia, que analisa as preferências do consumidor observando seu comportamento, suas escolhas, restrições quanto a valores e a demanda de mercado. A partir de então, determina a curva de demanda. Isso tudo sem levar em consideração a biologia do consumidor, mas apenas dados estatísticos de prováveis comportamentos.

A neurociência reconhece a influência do instinto, do irracional e que, em função disso, nem sempre tomamos decisões coerentes, lógicas ou sensatas, como pretende a teoria econômica ortodoxa, que não presta a devida atenção à participação das áreas cerebrais que processam as emoções na tomada de decisão dos agentes econômicos, e aqui já falo do consumidor, não mais somente do agente especializado como os operadores da Bolsa de Valores. A neuroeconomia é também uma nova ciência que está voltada para os estudos do comportamento de consumo com foco nos processos neurofisiológicos, algumas vezes conscientes e outras muitas vezes não conscientes, que motivam o consumidor. Na verdade, a atividade econômica pessoal, de escolher, decidir e comprar um produto ou serviço, tem a mediação das emoções que, em interação com agentes ambientais externos bióticos e abióticos, dá condições ao sujeito de tomar decisões rápidas e vantajosas para si.

Estudos feitos por Antônio Damásio e Jonah Lehrer têm provado que nosso comportamento não é totalmente guiado pela razão pura. Pessoas que não usam a emoção têm dificuldade para tomar decisões do dia a dia. A hipótese é que, quando somos privados de atividade das áreas cerebrais ligadas à emoção, temos sempre muita dificuldade de decidir porque contabilizamos todas as variáveis possíveis, envolvendo consequências imediatas e futuras, e que são muitas vezes conflitantes. A não participação da emoção em nossas decisões faz com que fiquemos muito e muito tempo levando em conta os prós e os contras e sem chegar a um ponto final daquela operação mental. Esses estudos vêm confirmar o papel fundamental e a importância das emoções na tomada de decisão.

Jonah Lehrer, no livro *How we decide* diz que a ideia do livro teve início quando ele foi ao supermercado com sua esposa e ficou em frente a uma seção de cereais por vários e vários minutos, isso aconteceu porque tentou racionalizar a compra, mas, por causa da quantidade de produtos expostos na gôndola e de informação em cada caixa de cereal, não conseguia decidir-se por um. Antônio Damásio também tem exemplos de pessoas, pacientes seus, que por terem lesionado o córtex pré-frontal ventromedial começaram a tomar decisões ruins, arriscadas, porque essa área cerebral é quem avalia a relevância do *input* emocional, e eles não conseguiam compreender qual informação emocional era importante. Essas descobertas de Damásio e Lehrer nos provam que necessitamos do sistema emocional para a tomada de decisão na medida certa: impulsionada pelo sistema límbico e mediada pelo córtex pré-frontal. Se toda decisão fosse racional, como querem alguns economistas e *marketers* não as tomaríamos tão facilmente, nem rapidamente, e muito menos arriscaríamos. E a literatura de administração nos fala que, para ser empreendedor, o sujeito precisa assumir riscos, mas, somente de maneira racional, ele não o fará. Quantos planos estratégicos de negócios hiperdetalhados dão com os "burros n'água" e empresas que pouco planejam, mas têm um sujeito com o instinto do empreendedor guiando-a, vão muito bem, obrigado. Os instintos nos ajudam a evitar perdas.

O que acontece é que os nossos comportamentos voltados para objetivos são de dois tipos básicos: um é a busca por recompensa e o outro é a aversão à perda. Muitos cientistas dizem que temos muito mais exacerbada a aversão à perda do que a busca por recompensa. E, para nos ajudar a tomar decisões, inclusive as financeiras, o cérebro, de forma dinâmica, usa áreas que se situam tanto no sistema límbico, que lida com as emoções, como no cérebro reptiliano, que está ligado aos processos básicos de sobrevivência, e não só o córtex cerebral, que é o local da razão, do planejamento, do cálculo. Portanto, é biologicamente impossível sermos tão racionais quanto pretendemos. Um computador é assim, mas nós não, como vem provando as neurociências afetivas.

4. Neuromarketing

Como pudemos perceber nos estudos de finanças comportamentais, economia comportamental e neuroeconomia, existem circunstâncias em que os consumidores agem de maneira inconsistente com a teoria econômica ortodoxa. É nesse ponto que percebemos a importância, não só de estudos do comportamento do consumidor no aspecto da microeconomia e os movimentos deste em relação à poupança, aos investimentos, mas também na lembrança, na escolha, na tomada de decisão e no consumo de produtos, serviços e até ideias. Assim surge o neuromarketing, uma área de pesquisa do comportamento do consumidor ligada a todos os aspectos da comunicação de marketing em todos os meios; do produto, inclusive a percepção da marca; do preço e também da distribuição, o que inclui as estratégias de exibitécnica no ponto de venda. São estudos que verificam se as ações de marketing realmente têm o efeito a que se propõem. Com a pesquisa de mercado, mais especificamente do comportamento do consumidor, que é a essência do neuromarketing, podemos levantar vários aspectos da possível falha na metodologia de coleta de dados e também de análise, no que se refere à pesquisa qualitativa tradicional feita por entrevistas ou questionários, cuja proposta é descobrir os "porquês" da escolha e da tomada de decisão de um produto, serviço ou ideia.

O comportamento do consumidor nos processos de lembrança, escolha e compra pode até parecer incoerente, segundo a percepção de algumas áreas das ciências sociais. Nem tudo o que compramos tem uma explicação racional, nem sempre faz sentido à luz das explicações da economia tradicional e nem das ciências sociais que apoiam a ciência aplicada do marketing, mas tem fundamento debaixo do foco da biologia, da seleção natural e sexual, da endocrinologia, da neurologia, da genética e de outros aspectos orgânicos. Portanto, se não olharmos para este novo lado, continuaremos mercadologicamente míopes.

Para voltar nossos olhares para o lado da biologia e, mais especificamente, em neurociências para os processos cerebrais que guiam nosso comportamento, é necessário fazermos pesquisas usando equipamentos que nos permitam entender tais processos no momento exato que eles acontecem. Precisamos estar atentos às técnicas de diagnóstico por imagem, como a ressonância magnética funcional, tomografia com emissão de pósitrons, eletroencefalograma e outros equipamentos que "olham" para dentro do organismo e detectam o que promove a motivação e, consequentemente, o comportamento de consumo. O que não dá mais é para ser behaviorista somente e apenas observar o comportamento do sujeito, ou mesmo perguntar a ele o que sentiu e o que o fez comprar. Mesmo porque ele não vai saber, pois 95% do processamento de informações no cérebro se dá de maneira inconsciente.

É preciso buscar informações em cada uma das áreas cerebrais que, direta e indiretamente, influenciam no comportamento do consumidor. Áreas do córtex, do sistema límbico e do complexo R. O que o neuromarketing se propõe a fazer é, na verdade, a pesquisa com equipamentos de neuroimagem, para permitir a análise da atividade cerebral e tentar entender os resultados das esferas emocionais, das sensações básicas e também racionais e traduzir essas informações para a esfera do marketing.

Essa nova perspectiva de análise do consumidor gira em torno da concepção de que:

1) o ser humano é um ente biológico e deve ser observado por esse ponto de vista;

2) o sistema nervoso intermedia os inputs de informação e os outputs comportamentais;

3) o cérebro é o centro de integração e comando de todo esse processo informacional e comportamental;

4) nem todo comportamento do ser humano é consciente;

5) a maior parte das informações se processam inconscientemente;

6) o instinto atua de maneira contundente no comportamento do consumidor, por influência dos nossos ancestrais, o que significa termos comportamento de caçadores-coletores;

7) somos irracionais em muitos dos nossos atos e não tão racionais como imaginávamos ou queríamos;

8) o sistema límbico e o cérebro reptiliano têm uma atuação significativa no comportamento de consumo;

9) a escolha e a tomada de decisão passam pelo cérebro e são influenciados pelos sistemas de recompensa e aversão à perda;

10) por tudo o que foi listado, o sujeito da pesquisa de mercado não sabe exatamente o porquê da sua escolha e decisão de compra;

11) as pesquisas com uso de equipamentos de neuroimageamento podem nos dar respostas mais fidedignas dos processamentos cerebrais subjacentes ao comportamento observável e, portanto, as neurociências dão as notícias que a psicologia, a antropologia e a sociologia não conseguem ou não alcançam sobre esse tipo de comportamento humano.

A assunção de que o ser humano é um ente biológico e deve ser observado por esse ponto de vista é algo que venho propondo há muito tempo. É o pressuposto básico deste livro. As atividades do sistema nervoso em geral e do cérebro e sua ligação com o comportamento é algo de que falei nos subtítulos anteriores, assim como sobre a não racionalidade das escolhas de consumo. Os instintos foram tratados no capítulo da psicologia evolucionista.

Portanto, neste ponto, me cabe a tarefa de dissertar um pouco sobre o inconsciente e o comportamento, a participação do sistema límbico e o cérebro reptiliano no comportamento de consumo, sobre a fisiologia da escolha e a tomada de decisão no cérebro e também os sistemas de recompensa e aversão à perda. Por fim, as pesquisas com uso de equipamentos de neuroimageamento para análise dos processamentos cerebrais subjacentes ao comportamento observável, para entendermos como são feitas as análises em neuromarketing.

Para começar a falar sobre participação do sistema límbico e do cérebro reptiliano no comportamento de consumo preciso explicar as três camadas cerebrais e suas funções. Neurocientistas propõem que o cérebro é dividido em três partes ou camadas. Cada um deles tem a sua própria atribuição, mas estão interconectados. Uma área fundamental para esses estudos é o córtex, o centro da lógica, onde se processam as funções de controle e execução motora. O pré-frontal é a parte do córtex, bem acima dos olhos, que está particularmente envolvido com o planejamento, o cálculo, o pensamento abstrato e todas as funções executivas. Essa área controla os impulsos de consumo, e tudo passa por ela, mas, muitas vezes, o sistema límbico ou o reptiliano ficam mais ativos e tal comportamento fica sob influência dessas áreas. O sistema límbico é onde se processam as emoções e a memória. E a terceira e mais profunda camada cerebral é o complexo R, que processa as funções fisiológicas ou básicas para a sobrevivência e reprodução do sujeito, que inclui a respiração, regulação da temperatura corporal, sono, vigília, batimentos cardíacos e a sexualidade para reprodução.

O cérebro inicial ou reptiliano, embora possa parecer primitivo, é fundamental para assegurar a sobrevivência individual e mesmo da espécie com a reprodução.

Essa área cerebral elementar proporciona existência pura e simples do indivíduo e, se a associarmos com o comportamento de consumo, perceberemos que está ligada ao desejo de mais produtos do que a gente imagina. Mas a evolução anatômica continuou até o aparecimento dos mamíferos, em que foram agregadas, além da satisfação de necessidades reflexas e automáticas do reptiliano, algumas funções mais elaboradas, surgindo, graças a inúmeras transformações cerebrais, a sede de emoções e sentimentos. Ao sistema límbico couberam as funções ligadas diretamente com a afetividade e o humor, que junto com desenvolvimento das glândulas endócrinas, proporcionaram mais do que meros atos reflexos e involuntários.

Aos dois cérebros já existentes, novamente graças à evolução, desenvolveu-se uma terceira área que passou a ocupar quase 80% da massa cerebral total e se tornou a tal sede da inteligência, da racionalidade, da ponderação e consciência, assumindo, nos primatas, a função de geradora de pensamentos e de controlar as outras duas áreas, moderando a suas atividades quando se tornam excessivas.

O mais difícil para o marketing, assim como para as ciências sociais, era, até antes do surgimento do neuromarketing, reconhecer a participação e o poder do cérebro reptiliano no comportamento de consumo e, muitas vezes, a prevalência do sistema límbico sobre o córtex. No comportamento de consumo, mesmo quando funcionam normalmente, isto é, não há nenhuma anormalidade anatômica ou fisiológica, as três áreas apresentam ligeiras diferenças com discreto predomínio de uma sobre as outras. Há produtos ou serviços cuja escolha é feita com predominância do reptiliano, outras mais emotivas e sentimentais que estão relacionadas à ativação mais incisiva do sistema límbico e, por fim, as decisões mais racionais e até calculistas, dominadas pelo córtex pré-frontal.

Os processos cerebrais que se dão de maneira inconsciente estão relacionados ao comportamento muito mais do que imaginamos. A maior parte das informações que temos alocadas em nosso cérebro é inconsciente. Mesmo porque, ainda que o cérebro seja um órgão tão eficiente, não conseguiríamos ter consciência de todas as informações que absorvemos diariamente. Muitas delas são atividades corriqueiras que fazemos de maneira automática e não consciente. Os estudos de neuromarketing têm provado que boa parte, senão a maioria, dos pensamentos e sentimentos relacionados a produtos, suas marcas e outras questões relativas ao consumo, é processada abaixo dos níveis de consciência. E aí pairam dúvidas sobre os tradicionais métodos de pesquisa de mercado, como a entrevista pessoal, o preenchimento de questionário pelo sujeito pesquisado e mesmo a pesquisa de *focus group*. Se a maioria das informações que captamos no dia a dia está no "recipiente" do inconsciente e, para respondermos a pesquisas de mercado, seja lá qual for o método, o faremos com o consciente, como teremos certeza de que a verdade pura e simples virá à tona?

Fica difícil para o profissional de marketing ter a certeza de que suas ações darão certo sem antes investigar os meandros da fisiologia e da anatomia cerebral. Muitos poucos, e acrescento, tardiamente, reconhecem que a seleção ou escolha de produtos, serviços ou ideias é feita de maneira relativamente automática e não conscientes, por força dos hábitos quase sempre inconscientes também. A inconsciência está estreitamente relacionada com a não racionalização no consumo de que tratei no subtítulo das finanças comportamentais e com a participação do sistema límbico e do complexo R nas escolhas e decisões de consumo.

Escolha e tomada de decisão também são processos cerebrais que muitas vezes se dão de maneira inconsciente e sem anuência do sujeito consumidor. A prova mais evidente disso foi introduzida por Benjamin Libet, quando, nos anos de 1980, fez experiências e comprovou que o cérebro decide milésimos de segundos antes de termos consciência de tal ato. Portanto, a decisão entre comprar ou não é antes um processo físico-químico, biológico, que se dá no cérebro e não fora dele. O que incomoda nessa afirmativa é o que chamamos de "livre-arbítrio". Se o cérebro decide antes, deixamos de ser seres racionais e também superiores. Novamente o antropocentrismo nos cega. Mas o fato é inegável e irrefutável, porque o nosso cérebro toma decisões e depois nos avisa em função da sobrevivência, porque, em algumas situações, não há tempo para nos tornar conscientes do fato. Ele age em prol da defesa do organismo, da manutenção da vida.

Benjamim Libet afirmava, três décadas atrás, que o cérebro tomava decisões e nós tínhamos consciência dela em 500 milissegundos depois. Já em uma matéria da revista *Wired,* de abril de 2008, sobre um estudo publicado na revista *Nature Neuroscience*, com o título de "Brain Scanners Can See Your Decisions Before you Make Them (Sacanners cerebrais podem ver sua decisão antes de você tomá-la) que tem como co-autor John-Dylan Haynes, os cientistas, usando scanners cerebrais, puderam predizer as decisões que as pessoas tomariam sete segundos antes de os sujeitos pesquisados terem consciência do seu ato ou decisão. A diferença é que a experiência de Libet estava relacionada às regiões do cérebro envolvidas na coordenação da atividade motora e a pesquisa de Hynes observou, desde a primeira atividade, que acontecia no córtex fronto-polar, uma região do cérebro associada ao planejamento de alto nível e, depois, mudava-se para a atividade no córtex parietal, uma região de integração sensorial e motora, a mesma pesquisada por Libet. De qualquer maneira, são duas provas de que algumas decisões são tomadas antes e de forma inconsciente. Isso não quer dizer que seu cérebro é uma máquina e nem que é separado de você. Somente quer dizer que algumas decisões precisam ser tomadas para manter o organismo vivo e, para isso ele não precisa ter seu consentimento. A perspectiva de achar que a descoberta acaba com nosso livre-arbítrio só acontece porque não reconhecemos que existem processos automáticos e inconscientes que geram comportamentos, assim como não admitimos sermos irracionais e instintivos. A partir do momento que compreendermos essa faceta orgânica do comportamento, veremos com naturalidade as decisões que o cérebro toma, que são as nossas, porque não há um dualismo (mente separada do cérebro).

Se existem processos cerebrais que nos ajudam na tomada de decisão e nós não temos consciência deles, porque estão ligados à sobrevivência, é preciso mudar a perspectiva de como fazemos pesquisa em marketing, quando tratamos de conhecer a motivação da tomada de decisão do sujeito consumidor. Precisamos de equipamentos de imagiologia cerebral, porque a resposta do indivíduo em relação à tomada de decisão é consciente e a própria decisão foi tomada de modo inconsciente.

O neuromarketing está relacionado a alguns sistemas cerebrais: o de aprendizagem, que atua no momento que ficamos sabendo de novos produtos, suas características e benefícios; o sistema de recompensa, um circuito bastante rudimentar presente em outros animais, que comanda as atividades essenciais à sobrevivência e que media nossa relação com situações de prazer, como fazer sexo, comer algo gostoso ou ainda ir às compras, tem relação direta com as pesquisas em neuromarketing; e o de aversão à perda.

O princípio de atuação é simples: atividades estimulam o circuito de recompensa, que libera neurotransmissores causando sensação de bem-estar, voltando a estimular o mesmo circuito e criando um circulo vicioso, substância responsável pela sensação de prazer, que faz com que o sujeito, ao entrar em contato com determinado comportamento ou mesmo substância, associe esse estímulo ao prazer que está sentindo e que foi provocado pela maior liberação desse neurotransmissor. Mas quando tal comportamento se repete com frequência, a ação da dopamina se esgota rapidamente, a pessoa se sente mal e precisa repetir com mais frequência o estímulo externo para manter minimamente os níveis desse neurotransmissor no sistema cerebral de recompensa, que inunda o sujeito de prazer. É aí que surge o vício do consumo e que se dá com inúmeros produtos e serviços, desde os encontrados na moda até os de uso da Internet.

O núcleo *accumbens* é a área do cérebro associada com a predição de ganhos financeiros, com a preferência por produtos e também a recompensa. Ele é ativado quando as pessoas estão antecipando ou à espera de ganhar dinheiro ou outras recompensas satisfatórias. Essa parte do cérebro é inundada por dopamina quando há uma possível ação que trará prazer e, pelo que se pode inferir, é responsável também, junto com o neurotransmissor, pela compulsão de compra ou vícios de consumo.

O sistema de aversão à perda está diretamente ligado à amígdala cerebral, área ligada ao processamento do medo e que avalia riscos, controla o mecanismo de inibição de comportamentos que podem ser potencialmente negativos ao organismo. Essa área ajuda a manter o indivíduo cauteloso e prudente em função da sobrevivência. Portanto, a aversão ao risco é uma tendência do ser humano, assim como dos animais, e por isso se diz que temos mais medo de perder do que vontade de ganhar algo. Vários estudos nos mostram que as pessoas sentem mais profundamente as perdas do que os ganhos do mesmo valor. O que esse sistema faz é avaliar a possível perda e tentar evitá-la, situação que está estreitamente vinculada com a avaliação do consumidor em relação às vantagens e benefícios ou malefícios de adquirir certo produto. Talvez o que pensamos muitas vezes ser uma compra racional, porque o sujeito avalia as possibilidades, ao contrário, pode ser totalmente instintiva e irracional, porque há a ativação da amígdala que atua evitando a perda. Sujeitos saudáveis buscam sempre situações em que os potenciais ganhos sejam bem maiores que as possíveis perdas.

Em resumo, quando a decisão pela compra de um produto é percebida como um ganho potencial, o que significa aumentar as chances de se reproduzir e de sobreviver, então o sistema cerebral de busca de recompensa é acionado e, ao contrário disso, quando a tomada de decisão está relacionada com possíveis perdas, o sistema de aversão é que entra em ação para proteger o organismo de danos. Da primeira situação participa o *núcleus accumbens* e da segunda participam a amígdala, a ínsula e o córtex órbitofrontal. O que faz o sujeito perceber de uma maneira ou de outra (oportunidade ou ameaça) a compra é o que Dan Ariely chama de "moldura" ou o modo como a oferta é apresentada ao sujeito. No que se refere ao marketing, a propaganda e o merchandising, assim como a percepção de preço e do próprio produto é que vão "emoldurar" ou configurar uma oportunidade ou ameaça. Mas, antes disso, é preciso que saibamos como esses sistemas funcionam, como e quando, em que situações se ativam. Obviamente, precisa ficar claro que somente é possível descobrir padrões e não como o sistema funciona em cada uma das pessoas. Mas se tivermos conhecimento dos padrões por gênero e idade teremos um ganho imenso nas estratégias de marketing, porque nem isso sabemos hoje.

Estudos feitos com macacos capuchinhos e também com bebês revelam que os sistemas de recompensa e aversão à perda, funções atreladas à tomada de decisão, são inegavelmente inatos, algo ligado à nossa evolução e que nossos ancestrais já possuíam, o que significa dizer que devem ser biologicamente entendidos e não apenas analisados pelas ciências sociais. As pesquisas que podem responder a essas dúvidas são as ligadas às neurociências comportamentais, pois só com exames de imageamento cerebral é que poderemos nos aproximar da verdade no tocante às situações de decisão de consumo.

As áreas corticais com planejamento, as áreas límbicas com as emoções e as áreas reptilianas com a sobrevivência. Obviamente dentro de cada uma destas camadas existe uma infinidade de subáreas que são estudadas. As mais pesquisadas são:

1) *núcleus accumbens*, responsável pela recompensa, motivação e vício. A ação da dopamina sobre ele gera euforia, estimulando a busca por experiências semelhantes. Os comportamentos compulsivos de consumo de bens e serviços são analisados pela atividade dessa área.

2) amígdala, que é herança ancestral e podemos dizer que constitui o nosso primeiro mecanismo de defesa, nos alertando para os perigos. Muito estudada nas questões do medo e aversão nas mensagens publicitárias;

3) hipocampo, responsável pela formação da memória. Sem o "consentimento" dessa área, a experiência desvanece-se para sempre. Importante para entendermos as marcas e as experiências que ficam gravadas;

4) córtex pré-frontal, que tem uma função executiva de iniciar, manter, inibir e desviar a atenção. Gerenciador das informações, integra a experiência atual com a experiência passada, monitora o comportamento presente, inibe respostas inadequadas, organiza e planeja metas futuras. Fundamental para entendermos a tomada de decisão.

5) ínsula, que se ativa ante experiências relacionadas com a dor e outras emoções negativas, como a raiva, desgosto e sensação de injustiça. Área fundamental na pesquisa de preço, de variedade de produtos expostos e até do ponto de venda;

6) gânglios basais, área cerebral de seleção de ação. Manda sinais inibitórios para todas as partes do encéfalo que possam gerar ações. Importante também para a tomada de decisão e escolha de produtos e serviços ou mesmo ideias.

As pesquisas em neuromarketing têm se desenvolvido bastante nos últimos seis anos, tanto em universidades americanas, inglesas e alemãs, como nas empresas criadas para esse tipo de investigação e que prestam serviços para grandes corporações dos mais variados setores da economia, mas ainda faltam conhecimentos mais apurados e que envolvam outras áreas da biologia, para que possamos compreender a tal "caixa preta" do nosso organismo. Alguns problemas se apresentam:

1) a pesquisa atual em neuromarketing é localizacionista, o que significa dizer que as técnicas usadas se concentram na área ativada e não na comunicação neuronal.

Ganha-se conhecimento sobre as regiões cerebrais que participam de um comportamento qualquer, mas não como ele é processado especificamente;

2) também não se fala sobre o sistema neuroendócrino, os hormônios, os neurotransmissores, não se considera a genética e nem a ancestralidade, a evolução cerebral, como fatores que influenciam no comportamento de consumo.

E por tudo isso, posso concluir que essas pesquisas neuromercadológicas não são o final, têm muito que evoluir para realmente tentar entender o comportamento do consumidor.

BIBLIOGRAFIA

APOSHYAN, Susan. Inteligência natural: integração corpo-mente e desenvolvimento humano – Barueri: Editora Manle Ltda., 2001

AZEVEDO, Frederico A.C.; CARVALHO Ludimila R.B; GRINBERG, Leat; FARFEL, Jose Marcelo; FERRETTI, Renata E.L; LEITE, Renata P. Leite; JACOB, Wilson Filho;LENT, Roberto; HERCULANO-HOUZEL, Suzana. Equal Numbers of Neuronal and Nonneuronal Cells Make the Human Brain an Isometrically Scaled-Up Primate Brain. 2009. Disponível em: http://www.suzanaherculanohouzel.com/reprints/. Acesso em: 04/04/2009

BERTHOZ, Sylvie. O Segredo das emoções. Viver mente e cérebro, ano XIII, número 143. São Paulo: Duetto, 2004.

BOWLES, Samuel; HAMMERSTEIN, Peter. Does Market Theory Apply to Biology? Disponível em: http://www.ebook-search-engine.com/biological-markets-ebook-pdf.html. Acesso em: 13/06/2009

BRAIDOT, Néstor. Neuromarketing: Porque tus clientes se acuestan com outro si diecen que lês gusta tu ? - Barcelona Ediciones Gestión,2009

BSHARY, Redouan and NOE, Ronald. Biological Markets:The Ubiquitous Influence of Partner Choice on the Dynamics of Cleaner Fish – Client Reef Fish Interactions. Disponível em: www2.unine.ch/Jahia/site/ethol/op/edit/pid/11610?matrix=5736. Acesso em: 22/01/2010

CHANGEUX, Jean-Pierre. A Verdade e o Cérebro; tradução Jorge Pinheiro. Lisboa: Instituto Piaget, 2002.

CAMARGO, Pedro. Neuromarketing. Descodificando a mente do consumidor. Porto: Edições IPAM,2009

CAMERER, Colin, LOEWENSTEIN, George; PRELEC, Drazen. Neuroeconomics: How Neuroscience Can Inform Economics. Journal of Economic Literature, Vol. XLIII. USA: 2005. Disponível em: http://www.hss.caltech.edu/~camerer/JELfinal.pdf. Acessado em: 22/09/2007

CARR, Nick. Neuromarketing Could Make Mind Reading the Ad-Man's Ultimate Tool. The Guardian. April 3rd, 2008. Disponível em : http://www.commercialalert.org/issues/culture/neuromarketing/neuromarketing-could-make-mind-reading-the-ad-mans-ultimate-tool. Acesso em: 16/06/2008

CARVALHO, José Eduardo. Neuroeconomia: ensaio sobre a sociobiologia do comportamento – Lisboa: Edições Sílabo,2009.

DAMASIO, António, Hanna Damasio, and Yves Christen. Neurobiology of Decision-Making. Springer-Verlag, Berlin,1996.

________, António. O mistério da consciência - São Paulo: Companhia das letras 2000.

________, António. Em busca de Espinosa: prazer e dor na ciência dos sentimentos. São Paulo, Companhia das Letras, 2004.

________, António. O erro de Descartes: emoção, razão e o cérebro humano. São Paulo, Companhia das Letras, 1996.

DELGADO, M.R.; LABOULIERE, C.D. and PHELPS, Elisabeth.A.2006.Fear of losing money? Aversive conditioning with secondary reinforcers. Disponível em: www.psych.nyu.edu/phelpslab/papers/06_SCAN_V1_No3.pdf Acesso em: 28/11/2009